KB161724

진심으로 승부하라

퍼스널 트레이너의 자격

진심으로 승부하라

퍼스널 트레이너의 자격

초판인쇄 2019년 6월 24일
초판발행 2019년 6월 24일

지은이 허창현
펴낸이 채종준
기획·편집 이강임
디자인 김예리
마케팅 문선영

펴낸곳 한국학술정보(주)
주소 경기도 파주시 회동길 230 (문발동)
전화 031 908 3181(대표)
팩스 031 908 3189
홈페이지 http://ebook.kstudy.com
E-mail 출판사업부 publish@kstudy.com
등록 제일산—115호(2000. 6. 19)

ISBN 978-89-268-8863-6 13690

진심으로 승부하라

퍼스널 트레이너의 자격

허창현 지음

인생에서 가장 현명한 선택을 한 게 무엇인지 묻는다면, 트레이너를 시작한 것이라고 말하고 싶다. 순탄한 길만 걸어왔다면 이렇게 트레이너라는 이름으로 책을 쓸 생각도 하지 못했을 것이다. 시작도 하기 전부터 두려워 할까 말까를 1,000번은 넘게 고민했던 직업이다. 실행으로 옮겨야겠다고 다짐했을 때 아버지께서는 반대를 했고, 다니고 있던 헬스장의 트레이너는 비전 없는 직업이라며 생각을 접으라며 충고해주었다. 친누나는 젊을 때 잠깐 할 수 있는 직업이니까 한 살이라도 어릴 때 시작해보라고 권했다.

단순히 운동하는 게 좋았고, 가슴근육이 0.1cm라도 빵빵해지는 펌핑감이 나의 행복이었다. 내가 느낄 수 있는 기쁨을 누군가도 느끼게 해주고 싶었다. 가진 거라고는 운동 경험밖에 없는 사람이 습관적으로 어깨가 탈골돼서 수술을 할 수밖에 없었고, 긴 시간 회복하는 과정에서 근육은 모두 손실돼 버렸다. 팔굽혀펴기 하나 할 수 있는 근력도 없었고, 가진 거라고는 체지방밖에 없는 상태에서 이름 앞에 트레이너라는 수식어를 붙였다.

과거로 돌아가서 생각해본다. 뭐가 그렇게 시작이 어렵고 고민이었는지 모르겠다. 한 명만이라도 내 꿈을 응원해주고 잘할 수 있다는 말 한마디가 듣고 싶었던 것 같다. 혹시나 2012년의 내 모습을 하고 있는 트레이너 꿈나무가 있다면 잘할 수 있다고, 자신을 믿어야지 하며 손을 내밀어주고 싶다. 책을 쓰고 있는 이유다.

시작이 반이라고 했던가? 물론 열정이 있다 해서, 그토록 원하던 직업을 얻었다 해서 갑자기 꽃길이 눈앞에 펼쳐지는 것은 아니다. 퍼블릭 트레이너부터 시작했다. 700명의 회원이 다녔던 울산 대형헬스장에서 기구사용법도 알려드리고, 질문하는 사람이 있으면 답변해주는 것이 내 업무였다.

충무공 이순신 장군이 했던 말로 시작하고 싶다.

"준비하지 않은 자 망이요, 준비하는 자 승리한다."

앞에서 말했듯이 난 준비된 것이 아무것도 없었다. 하루하루가 깜깜했다. 다행히 무기가 하나 있다고 한다면 내 얼굴이 실없이 웃는 상이라는 거다. 헬스장 회원이 궁금한 것을 물어오는 질문에 답변할 능력이 없을 때면 얼버무리다 그냥 웃어버렸다. 그럴 때면 그 상황은 피할 수 있었고, 다행히 부끄러워할 줄은 알았기에 공부도 결심할 수 있었다. 나조차 쉽게 생각했던 직업이었다. 부족함을 배움으로 채워볼 거라며 서울로 와서 월평균 30만 원 벌어가며 9개월간 버텼다. 이러다 다시 고향으로 돌아가겠다 싶어 뭐라도 더 해야 했다. 아침 10시에 출근해서 새벽 2시까지 자리를 지키고 앉아있다 해서 고객이 생기는 것도, 트레이닝을 더 잘하게 되는 것도 아니었다. '내가 이렇게 보잘것없는 사람인가'라는 생각에 눈물을 흘리는 날도 있었고, 직업을 포기해야겠다고 생각한 적도 있다. 뒤돌아서 생각해보니 그때는 고통이었지만 신기하게도 예쁜 추억으로 자리 잡혀있다. 지금은 미래에 대한 불안을 잠재울 수 있게 됐고, 앞으로의 날들이 궁금하고 기다려진다.

트레이너 경력 6년이 넘어 7년이 코앞이다. 초창기에는 그저 하루하루 열심히 살다 보면 누군가의 눈에 띄게 될 것이고, 노력을 인정받는 삶을 살아가리라고 순수하게 믿었다. 시간이 지나보니 절대로 좋은 기회는 갑작스레 찾아오지 않는다는 걸 알았고, 내 삶은 누군가에 의해 만들어지는 게 아니라 스스로 만들어가야 하는 것이었다. 그만한 사람한테 그만한 기회만 온다는 점. 갑자기 큰일, 큰 기회라는 건 존재하지 않았다. 작은 행동들이 모여 모든 게 시작된다.

고객에게 잘해드렸더니 지인을 소개해주서서 고객이 한 명 늘었다. 지푸라기라도 잡는 심정으로 블로그를 시작했더니, 고객이 직접 개인레슨(피티)을 받고 싶다며 연락해오는 경우가 생겼다. 대형센터로 이직도 하고, 프리랜서 트레이너 생활도 해보고, 즐기고, 버티고, 살아남았더니 지금은 서울 신도림동과 목동의 2개 지점 트레이닝 숍 대표가 됐다.

이 책에서는 운동방법, 다이어트법, 운동생리학 등 이론적 접근은 다루지 않을 것이다. 오직 트레이너라는 이름으로 겪게 된 경험, 고객과 현장에서 부딪혔던 사례들로만 말하고 싶다. 2012년 6월 1일 트레이너를 처음 시작했던 날이다. 그때로 돌아간다면 읽고 싶은 책을 쓰고 싶다. 이 직업을 선택하면서 무서웠고, 깜깜했던 기억들을 되살려본다. 나의 고충이 분명 당신이 겪고 있을 문제점과 공통된 게 있을 것이니까.

좋은 트레이너가 되는 방법에 힌트가 있다면 그건 고객이 원하는 트레이너가 되는 것이다. 고객이 없다면 우리는 존재하지 않는 직업이다. 담당 트레이너로 선택받는 것, 선택받기 위한 노력들, 고객만족을 위해 쌓아가는 시간들이 우리의 주된 업무다.

　괜찮은 트레이너가 되기 위해 차곡차곡 쌓아가고 만들어가는 게 트레이너 인생이다. 트레이너 경력이 1년이라면 1년 동안 생활해왔던 증명 자료 데이터가 있어야 한다. 경력은 있지만 아무런 증명자료가 없다면? 지금부터 하나씩 만들어갔으면 좋겠다. 어제보다 나은 트레이너, 이 세상에 하나뿐인 트레이너가 돼주길 바란다.

CONTENTS

퍼스널 트레이너에 대한 오해와 편견

———

PART 1

박봉이다

아직도 기억이 생생하다. 트레이너를 해야겠다고 마음먹고 나서, 제일 먼저 한 일은 트레이너 국가 발급 자격증(생활체육지도자)을 준비하는 것이었다. 적어도 자격증 하나는 가진 상태에서 시작하고 싶었다. 인터넷으로 예상문제를 찾아보고 시험에 나올 만한 문제들을 달달 외웠다. 틈틈이 실력 있는 현직 트레이너들을 인터넷으로 검색해서 찾아보기도 했다.

젊었을 때 잠깐 할 수 있는 직업이라는 말, 박봉이라는 말을 수없이 들어왔던 터라 확인하고 싶었다. 온라인에서 트레이너로서의 삶을 기록하는 분들의 글을 읽으면 뭔가 위안이 되기도 했다. 저 사람이 했으면 나도 할 수 있지 않을까 하는 희망이 생겼기 때문이다. 다양한 트레이너들이 있었다. 보디빌더 대회에 나가서 우승했던 사진을 올려놓은 사람도 있었고, 운동 지식을 설명한 글과 함께 고객들의 비포애프터 사진을 올리는 사람도 있었다. 지속적으로 글을 올리는 트레이너들은 많지 않았지만 몇몇이 눈에 띄었다. 그중에서 혼자 인터넷 카페를 운영하면서 트레이너로도 열심히 활동하는 트레이너 한 분이 눈에 띄었는데, 고객들을 직접 모집해서 1:1 피티(Personal Training)도 하고, 트레이너를 대상으로 교육도 하면서 수익을 내는 멋있는 인생 선배였다. 그분을 보면서 '트레이너는 정말 자기 하기 나름이구나. 박봉에 수명이 짧다는 말은 노력하지 않은 사람들의 결과일 수 있겠구나.'라는 생각이 들었다.

용기를 내서 그 선배님의 교육을 신청했다. 울산에서 서울 가는 버스를 타고 4시간 30분을 올라가서 또 지하철로 갈아타서 만남 장소에 도착했고, 드디어 그 당시 내 우상이던 그분과 만나 대화를 나눌 수 있었다. 혼자서 가방을 세 개나 들고 나오셨다. 백팩을 앞뒤로 메고도 한 손에는 큰 가방을 들고 계셨다. 그 가방 속에는 덤벨, 바벨 등의 각종 운동기구와 공부할 거리들이 가득 담겨있어 묵직했다. 첫인상부터 남달랐던 만큼, 처음 내게 했던 말 역시 긴 시간이 지난 지금까지도 잊히질 않는다.

"한국은 트레이너 시장이 열악해서 박봉인데, 왜 이 직업을 선택하려고 하느냐? 다시 한번 생각해보는 것도 괜찮을 거다."

꿈이라고 믿고 싶었다. 주변 모든 사람들이 하지 말라고 말리고 내 미래에 대해 걱정하더라도 이분만은 희망의 말씀을 해주실 줄 알았기 때문이다. '할 수 있다. 도와주겠다. 항상 궁금한 건 물어봐라.'라며 멘토가 되어주길 바랐었는데…. 서울에서 다시 버스를 타고 울산으로 돌아가는 길은 왠지 모를 불안감이 가득했다. 누가 봐도 열심히 살고 계신 트레이너 선배님이 해주신 말씀이라 더욱 겁이 났고, 순탄하지 않을 것만 같은 앞날에 대한 걱정들이 나를 압박했다. 우상이었던 선배님마저 권하지 못하는 직업, 아버지도 반대하는 직업(아버지가 반대했던 이유는 뒤에 설명하도록 하겠다), 미래가 불확실한 직업, 이런 부정적인 시선들이 나를 두렵게 만들기도 했지만 도리어 오기가 생기기 시작했다. 쥐뿔 아무것도 없는 상태였지만, 잘나가는 트레이너가 된 내 모습으로 보여주고 싶은 마음이 슬금슬금 올라오기 시작했다. 고객관리도 잘하고, 남들보다 열심히 살아 어딜 가든 꼭 필요한 존재, 인정받는 트레이너가 되겠다고 다짐했다. 불확실한 앞날에 대한 걱정은 다 부질없는 일임을 깨닫는 데는 많은 시간이 걸렸다. 모든 걱정을 뒤로하고 인생에서 처음으로 생긴 꿈을 향해 달려가겠다고 다짐하고 나니 앞으로의 삶이 궁금해지고 기대감으로 마음이 설레기도 하면서 편안해졌다.

　　주변 사람들의 말에 흔들리다 그 말들에 수긍하며 해보지도 않고 꿈을 포기하는 삶을 선택했다면 과연 지금 어떤 삶을 살고 있을까? 아마 아직까지도 즐거움이라고는 눈곱만큼도 느낄 수 없던 생산직 공장을 출퇴근하며 살아가고 있지 않을까? 6년이 지난 지금 내가 그토록 원했던 트레이너라는 직업을 오히려 무시하며 살아가고 있지 않았을까? 상상만 해도 끔찍하다. 남의 말에 줏대 없이 흔들렸다면 분명 시작도 하지 못했을 거고, 가보지 못한 길에 대한 후회만 남았을 거다. 그러고는 혼자 이렇게 중얼거렸을 것 같다. '잘되든 아니든 간에 그때 용기를 내서 트레이너라

는 직업에 도전했다면 지금쯤 얼마나 다른 삶을 살고 있을까…'
하고 말이다. 남의 말을 들어서 도움이 되는 경우도 있겠지만, 스
스로 겪어보면서 그 말이 옳은지 그른지를 알아가는 것도 분명
스릴이 있다. 남의 말을 들으면 결국 남 탓만 하게 될 뿐이다. 경
험도 해보지 못한 사람들의 부정적인 조언을 들었다면 '네 생각
이 틀렸다는 걸 증명해주겠다.'라고 마음먹어라.

　　2012년 6월 1일, 울산에서 트레이너를 처음 시작했을 때 새
벽 6시부터 오후 3시까지 근무하며 120만 원의 기본급을 받았다.
아침에 일찍 일을 시작해서 3시에 마치면, 저녁까지 시간이 많이
남아서 5시부터 밤 10시까지 다른 헬스장에서 또 근무를 했는데
거기서는 70만 원을 받았다. 헬스장에 등록한 사람들에게 러닝머
신 타는 방법과 운동기구 사용법을 알려주고, 정수기에 종이컵이
떨어지면 채워 넣는 게 내 업무였다. 급여로 치면 당시 최저시급
이 4,580원이었으니 딱 그 정도 혹은 그보다 못 미친 수준의 대우
를 받았었다. 이렇게 보면 전문직치고 박봉인 것처럼 보일 수 있
겠지만, 트레이너의 꽃은 기본급이 아닌 개인 피티다. 똑같은 시
간을 근무해도 고객에게 선택받은 트레이너는 개인 피티 수업으
로 큰 수익을 만들었고, 그러지 못한 트레이너는 기본급에만 의
존해야 했다. 그나마 헬스장 월 회비에 트레이닝 지도 비용도 포
함돼 있다고 생각했던 시절에야 기본급이 있었지, 시설사용 비용
과 트레이닝 비용이 별개인 요즘 대부분의 헬스장에서는 기본급

없이 성과급 또는 실적에 따른 인센티브만 가져가는 곳도 많다. 모든 트레이너에게 퍼스널 트레이닝이란 자신이 가지고 있는 상품이다. 따라서 똑같은 퍼스널 트레이닝이란 있을 수 없고, 자신만의 무기로 고객에게 선택받는 트레이너와 그러지 못한 트레이너가 있을 뿐이다. 고객이 원하는 것에 맞춰 발 빠르게 움직이는 트레이너와 뭘 해야 할지 몰라 멍하게 있는 트레이너의 급여 차이는 같은 공간, 같은 근무시간에도 불구하고 2배, 3배 때로는 그 이상 차이가 난다.

여기서 짚고 넘어가야 하는 문제는 고객의 변화를 돕고 싶다는 마음을 가지고 있다 해도 고객이 알아주지 않는다는 점이다. 선택받기 위해서는 마케팅 전략도 있어야 하고, '저는 이런 트레이너입니다! 저한테 관리받으실래요?'라고 당당하게 말할 용기도 있어야 한다. 물론 그런 용기를 가지기 위해서는 그만한 근거, 즉 데이터도 있어야 한다. 헬스장으로 출퇴근한다 해서, 가만히 명찰 달고 자리를 지키고 있는데 다가와서 "저 피티 받을래요."라고 말하는 고객은 아마 거의 없을 것이다. 울산에서 트레이너 생활을 한 9개월 동안 내게 피티를 받은 고객은 겨우 3명이었고, 그중 2명은 한 달 이상 지속하지 못했다.

트레이너에게는 고객들의 운동습관이 자리 잡을 수 있도록, 운동을 지속하게 만드는 능력도 필요하고 그 밖에도 준비해야 할 게 많다. 아무 전략도, 계획도 없이 살아간다면 한 명도 트레이닝

하기 어렵다. 이 책을 읽고 있는 사람이라면 그런 수준으로 만족하는 삶을 원하지 않을 거라 믿는다.

이 책에서는 내가 겪은 경험들을 바탕으로 많은 걱정거리를 안고 있을 예비 트레이너들, 막상 용기 내서 입문은 성공했지만 무엇을 해야 할지 몰라 시간만 때우고 있는 현직 초보 트레이너들, 직업적 회의감이 올 듯 말 듯한 트레이너분들에게 지금 당장 적용할 수 있는 현장 스킬들과 성과 및 성공 사례, 나에게도 좋고 고객에게도 좋은 마케팅 방법(퍼스널브랜딩), 고객님을 대하는 마음의 자세 등을 공유할 예정이다. 뭐부터 시작해야 할지 모르겠다는 트레이너들에게 제대로 가이드 해드리고 싶다.

이것만은 기억했으면 좋겠다. 결국 '박봉'이라는 것은 스스로 만들어가는 것이다.

구인구직 사이트에서 이 업계는 특이하게도 '급여가 밀린 적이 없음'이라는 업주의 글이 많이 올라온다. 나를 비롯해 많은 트레이너들이 습관적으로 급여를 밀려서 주는 업주를 경험했거나, 받아야 할 돈을 받지 못했던 경험도 했을 것이다. '이번 달에는 주겠지? 더 밀리지는 않겠지?'라는 생각은 엄청난 스트레스고 헛된 희망일 뿐이다. 그런 곳에서는 에너지 낭비 말고 빠르게 걸렀으면 좋겠다.

힘든 직업이다

트레이너가 과연 힘든 직업일까? 힘들다는 표현에는 정신적인 면과 육체적인 면이 포함된 거다. 하는 일에 비해 보수가 적어도 사람들은 힘들다는 말로 표현하곤 한다.

나는 트레이너가 되기 전 생산직 공장을 다녔던 내 경험을 예로 들어 얘기해주고 싶다.

울산에는 공장이 많아 생산직 일을 어렵지 않게 접할 수 있는데, 나는 자동차 만드는 공장부터 배 만드는 공장, 보일러 내부를 만드는 공장 이렇게 3개의 공장을 접해봤다. 그중 가장 힘들었던 것은 배 내부를 만드는 일이었다. 일당 65,000원을 받았고, 야간에 2시간을 추가로 일하면 88,000원을 받았다. 돈을 떠나서 매우 위험한 현장이었다. 갑자기 안전교육을 하겠다며 전원집합을 시키는 경우가 종종 있었는데, 이런 집합을 했다는 건 누군가 식물인간이 됐거나 죽었거나 둘 중 하나였다.

높은 곳에서 용접하는 사람들도 있고, 전선이 지나가는 곳에 통로를 설치하는 사람들도 있고, 페인트 작업을 하는 사람들도 있다. 많은 사람들이 각자 자신이 맡은 일을 한다. 문제는 그 높은 곳에 바닥이 제대로 설치돼 있지 않다는 것이다. 배관에 서서 미끄러지지 않게 발에 힘을 주고 작업해야 할 때도 있다. 아래를 보면 구멍이 큼직큼직하게 뚫려있어 발을 헛딛는 순간 10층 높이에서 1층으로 떨어질 수 있는 위험하고 아찔한 작업 현장이다. 사람이 쏙 하고 떨어질 수 있는 큰 구멍이 군데군데 파여있다.

위험한 곳에서 나도 모르게 뒷걸음질 치는 습관 때문에 높은 곳에서 떨어진 적이 두어 번 있다. 운 좋게 장애물에 부딪히고 난 후 튕겨 나와서 며칠 쩔뚝거리고 피멍 들고 말았지, 그때 장애물에 부딪히지 않았다면 어떻게 됐을까? 이런 생각을 하면 출근길이 정신적으로 고통스러웠다. 먹고살자고 하는 일이 나를 죽일 수도 있겠구나 싶었다. '식물인간이 되는 거 아니야?', '이런 일 계속해야 해?', '제발 오늘 하루 무사하게 해주세요.'라는 생각으로 하루하루를 버텨나갔다.

또 겨울에는 방한내복부터 깔깔이, 목 토시까지 여섯 겹으로 껴입어도 바닷바람이 온몸을 뚫고 들어온다. 볼트를 돌려 고정해야 하는데 손가락이 얼어 제대로 할 수 없다. 여름에는 또 어떤가? 무더운 날 반팔을 입고 현장에 나갔다가는 여기저기 긁힌 상처가 남게 된다. 아무리 더워도 청바지 정도 두께의 상하의 세트를 입고 있어야만 했다. 거기다 방독면같이 생긴 마스크까지 쓰고 일했다. 겨울에는 추워서 고생이고, 여름에는 땀띠로 고생이다.

　한때는 이런 생각도 한 적이 있다. 이 일도 조심만 하면? 지금처럼 옆에서 도와주는 조수 역할이 아니라, 도면을 보며 스스로 작업해나가는 전문가가 된다면? 괜찮은 직업이 될 수도 있겠다, 먹고살 만하겠다고 말이다. 그렇게만 되면 평생 이 일을 하고 살아도 괜찮겠다는 생각도 했었지만 속마음으로는 평생 이 일을 하게 될까 무섭고 두려웠다. 그래서 언젠가 꼭 그만둬야 한다는 생각이 자리 잡고 있었다.

　트레이너라는 직업은 환경만 본다면 그야말로 천국이었다. 더울 때는 에어컨 밑에서 일하고, 추울 때는 히터 밑에서 일한다. 그것만으로 큰 축복 아닌가? 그리고 아무 생각 없이 트레이닝 시키지 않는 이상, 정신 놓고 트레이닝 하지 않는 이상 고객이 식물인간이 되거나 죽거나 하는 일도 없다. 운동하다 죽었다고 말하는 사람은 손에 꼽을 정도 아닌가? 트레이너라는 직업 자체가 자신의 몸을 가꾸어야 하기 때문에 보기 좋게 자기를 관리할 수밖에 없다. 이 또한 축복 아닌가? 복장은 또 얼마나 편한가? 트레이너 교육기관에서 공부할 때 나눠준 유인물에 크게 트레이너의 장점이 적혀있었는데, 내용 중에 복장이 편하다는 것도 적혀있었다.

　개인 피티의 경우 보통 고객과 트레이너 단 둘이 50분간 수업이 지속된다. 사람을 싫어하는 성격이거나 불편해한다면 분명 힘든 직업이 될 수 있다. 어려운 운동을 쉽게, 잘 가르칠 수 있는 능력을 넘어 고객을 편안하게 만들어주는 스킬도 필요하다는 것을 뼈저리게 느끼게 될 것이다. 요즘은 누구나 불편한 사람과는 5분도 같이 있고 싶어 하지 않는데, 고객 입장에서 50분이라는 시간은 길다면 긴 시간이 될 수 있다. 고객이 불편하다는 건 트레이너도 불편을 느끼고 있다는 뜻이다. 그렇게 어색한 관계에서 운동효과를 선물로 드린다는 건 어려움이 있다. 낯가림이 엄청 심했던 나는 운동 사이사이 쉬는 시간에 정적이 흘렀는데 1분이 꼭 10분처럼 느껴졌다. 마사지를 배워 사이사이 해드려 볼까? 어떤 말을 꺼내야 할까? 잠깐씩 찾아오는 정적을 없애기 위해 많은 고민을 했다.

트레이너는 엄밀히 말하면 누군가를 가르치는 선생님 역할을 하는 서비스직이다. 그러기 때문에 운동을 잘 가르치는 것을 넘어 심적으로 고객의 마음을 편하게 만들어드려야 하고, 동기부여도 잘해야 하며, 사람 대 사람으로 믿을 만한 트레이너라고 느낄 수 있게 해야 한다.

2018년 최저임금이 7,530원으로 많이 올랐는데, 피티의 경우 시간당 평균 5만 원 이상의 비용을 받는다. 고객은 최저임금의 7배가 넘는 금액을 내며 트레이너를 선택한 것인데, 편안한 직업이라고 말한다면 모순인 것 같다. 10분에 1만원씩 지불하는 사람을 대상으로 일하는 직업이 쉽고, 편하고, 재밌기만 하다면 더 이상한 일 아닐까?

　세상에 쉬운 일은 없는 것 같다. 고객이 낸 비용 이상의 가치를 만들어내기 위해서는 머리가 아파야 하는 직업이다. 같이 일하는 트레이너 중에 트레이너가 되고 싶어서 밀양에서 서울로 온 선생님이 한 분 있다. 트레이너를 처음으로 시작한 분이었는데, 3개월 정도 지났을 때 자기 입으로 이 직업이 천직이라고 말했다. 물론 처음에는 어색해하고 딱 봐도 초보티, 촌티가 많이 났지만, 어느 순간 목소리에 힘이 생기고 몸짓에도 여유가 생겼다. 고객들은 그 선생님과 운동을 하면 즐거워했고 지도능력 또한 좋았으며 진정성이 담겨있었다.

　그 선생님의 과거를 들여다보니 원래 사람을 좋아했고, 친구들에게 취미로 운동을 알려주기도 하면서 자신이 겪었던 좋은 변화를 늘 공유했던 선생님이었다. 또 긴 시간 여행을 다니면서 모르는 사람과 친해지는 방법도 숙달된 사람이었다. 천직이라고 말할 수 있는 건 과거 그 선생님의 일상과 경험 덕분이었다. 인문학에 관심이 많고 끊임없이 공부를 했던 분이다. 인문학은 사람이 중심인 학문인데, 결국 트레이너도 사람과의 관계가 가장 중요하다. 그 선생님은 인문학적 지식과 지혜를 통해 고객의 마음을 진심으로 살 줄 아는 사람이었다. 그 선생님은 지금도 고객과 진심으로 소통하고 싶은 마음으로 대화를 하고, 변했으면 하는 마음으로, 누가 봐도 진심이 담긴 트레이닝을 하고 있다.

트레이너는 사실 아직도 아무나 할 수 있는 직업으로, 비교적 문턱이 낮은 직업으로 인식된다. 구인구직 사이트에 자격증이 없어도 열정만 있으면 환영이라는 말이 너무도 많다. 이러한 사실 때문에 언제나 할 수 있는 직업, 그럼에도 멋있는 직업이라는 이유로 이 직업을 선택할 생각이라면 다른 직업을 찾아보라고 말하고 싶다. "당신의 꿈을 응원합니다."라고 말하고 싶지만 쉽게 시작할 수 있고, 쉽게 돈을 벌 수 있을 것 같다는 생각으로 트레이너를 꿈꾼다면 나는 이런 조언을 주고 싶다. 트레이너라는 직업 자체가 꿈이 되지 않았으면 좋겠다고. 트레이너라는 이름 앞에 어떤 트레이너라는 말이 생략되지 않았으면 좋겠다. 어떤 트레이너가 되고 싶은가?

고객들은 요즘 똑똑해지고 있다. 음식점 하나를 갈 때도 실패하지 않기 위해 평이 좋은 곳을 찾아가고, 검색해가며 합당한 소비를 하려고 한다. 실제 지인 중에는 미용실에 염색과 커트를 하러 갔는데, 염색은 마음에 들지만 커트는 마음에 들지 않아 계산할 때 염색 비용만 지불하겠다고 말하고 자신이 만족한 가치만큼만 지불했다고 한다. 그 미용사는 가위를 잡기 위해 몇 년 동안 고객에게 샴푸만 했을 테고 밤새워가며 가발과 씨름했을 테다. 하지만 어떤 과정을 거쳤든 고객이 원했던 결과가 나오지 않았다면 당당하게 비용을 지불해달라고 말할 수 있을까? 납득이 되는 소비를 하는 게 요즘 소비자다.

트레이너도 마찬가지다. 단순히 내 시간 50분 썼다는 이유로 돈을 받을 수 있는 직업이 아니다. 10분에 만 원씩 받는 직업이라는 걸 명심해라. 고객은 10분에 만원 씩 지불하는 것에 합당함을 느끼고 싶어 한다. 우리는 헤어 디자이너처럼 가발이 없기 때문에 연습할 수 있는 상대가 오직 사람이다. 친구가 됐든, 가족이 됐든, 러닝머신을 뛰고 있는 회원이 되었든, 대가 없이 무료로 지도해보는 방법을 추천한다. 몸이 힘든 직업은 아닐 수 있지만, 50분 내내 고객에게 집중해야 하는 직업이고, 스스로도 5만 원 이상의 비용을 받을 만한 트레이닝이라는 자부심이 생길 때까지 엄청난 노력의 과정이 필요하다. 단순히 많은 운동량으로 체지방을 쏙쏙 감량시켜 준다 해서 고객만족이 생기는 게 아니라는 것도 알았으면 좋겠다. 고객은 오히려 같이 보냈던 시간들과 자신에게 어떻게 대해줬는가만 기억하고 있다.

대충 트레이닝 했다면? 고객이 질문한 내용을 모르면서 아는 척하며 트레이닝 했다면? 무릎이 아프다고 하는데 무작정 근육이 약해서 아픈 거라고 말한다면? 고객은 이미 당신을 선택한 것을 후회하고 있을지도 모른다. 아무리 체지방을 10% 감량했다 하더라도 50분 수업받는 시간이 늘 불편했다면, 당신은 불편한 트레이너로 인식되었을 뿐이다. 우연히 체지방 감량효과라도 봤으면 다행이지만, 그것마저 없다면 부끄럽고 미안한 수준의 트레이닝으로 끝난 것이다.

4천 원짜리 커피 먹으면서도 2천 원짜리 떡볶이를 먹으면서도 고객 불만사항은 엄청나게 나온다. 그 10배 이상의 비용을 지불하는 고객님들을 쉽게 생각하지 않았으면 좋겠다. 힘든 직업이 아니라 힘들어야 하는 직업이고, 머리가 아파야 하는 직업이다. 기본적으로 트레이닝을 잘해야 하고, 어깨가 아프다고 말하는 사람, 허리가 아프다고 말하는 사람을 위해 미리 나서서 공부해야 하고, 고객이 무슨 말을 할 때 진심으로 공감하고 경청할 줄도 알아야 한다.

고객의 입에서 '열정적으로 지도해주셔서 감사합니다.'라는 말을 들어야 하고, '시간이 너무 잘 가요. 재밌어요!', '왜 이제야 피티를 했는지 모르겠어요. 이래서 피티를 받아야 하는 거였네요!'라는 말을 듣기 위해 노력해야 한다. 그래야 보람찬 직업이될 수 있다.

오래가지 못한다

아침 일찍 눈이 떠졌다. 전날 밤 친구와 치킨집에서 맥주 한잔하며 미래에 대한 얘기를 주고받았는데, 그 하루가 이렇게 심장 뛰는 아침을 만들어줄지는 전혀 알지 못했다.

당시 나이 스물넷, 친구들을 만나면 대화주제는 비슷했던 것 같다. 미래에 대한 불안감, 학교가 어떻고부터 해서, 무슨 직업을 가질지, 하고 싶은 게 뭔지 등등 누굴 만나든 똑같은 내용이었다. 아니나 다를까 이 친구와도 미래에 대해 비슷한 얘기를 나누며 맥주나 한잔하기로 했다.

그때 그 친구는 내가 아무 꿈도 없이 그저 공장 일을 하고 있는 게 불쌍한 것처럼 얘기를 했다. 자기는 학교만 졸업하면 사업을 시작할 거고, 망하더라도 다시 사업을 할 거라고 말했다. 큰일을 하는 사람이 될 거라는 포부가 강해 보였다. 무슨 사업인지 명확하지는 않았지만, 그런 말을 한다는 것 자체만으로도 그때는 멋있어 보였다. 그때 나는 트레이너를 하고 싶다는 말이 가슴 깊

숙이 있음에도 가까운 친구에게조차 그 꿈을 말한 적이 없었다.

그 친구는 자기 얘기를 하면서 나에게도 질문을 던졌다.

"요즘에는 평생직장이라는 게 존재하지 않는다더라, 직장이 아닌 직업이 있어야 한다고 하는데, 너는 하고 싶은 게 없어?"라고 물어봤다. 술의 힘이었을까? 마음속에서 꿈틀거리는 말을 갑자기 내뱉었다.

"나 트레이너가 하고 싶어."

말을 하고 있으면서도 '괜히 말한 게 아닐까?' 하는 생각이 들었다. "니가 무슨 트레이너?"라는 반응이 돌아올까 봐 내심 부끄럽기도 했다. 몸이 좋은 것도 아니었고, 학창 시절 공부와는 담을 쌓았던 내 모습을 잘 아는 친구였기에 전문지식을 요구하는 직업을 말하는 나 자신이 부끄럽게 느껴졌다.

그때 그 친구는 예상과는 다르게 "그래, 그거다! 트레이너, 괜찮겠다."라며 진심 어린 대답을 해주었다. 직장이 아닌 직업 개념으로 잘만 하면 평생 할 수 있는 직업이고, 넌 잘할 수 있을 거라며 응원까지 해주었다. 뭔가 가슴속에 있던 답답한 응어리가 내려가는 느낌이었다. 주변 사람들의 반응이 부정적일 거라고 예상했던 나 자신이 문제였다. 그런데 응원해주는 친구, 믿어주는 친구 한 명이 이렇게 큰 자신감과 실행력을 만들어줄지 몰랐다.

휴일임에도 불구하고 아침 일찍 눈이 떠진 게 얼마 만일까? 아널드 슈워제네거의 책을 펴놓고 보디빌딩 역사부터 운동방법까지 다 내 것으로 만들겠다는 생각으로 책상 앞에 앉았다. 아버지가 출근하기 전, 잘 자고 있는지 보기 위해 내 방에 들어오셨을 때 책상에 앉아있는 나를 보고 깜짝 놀라셨다. 그러고는 뭐 하냐고 물으셨고, 친구한테 말했던 거보다 용기 있게 대답했다.

"나 트레이너 하려고 공부해!"

아버지는 대답이 끝나는 동시에 버럭 소리를 지르셨다.

"대회 나가서 1등 하는 사람도 지금 막노동을 하고 있는데, 뭣 하러 비전 없는 직업을 고생해서 하려 하냐? 골병든다. 하지마라!" 이렇게 소리치시고는 출근을 하셨다.

이럴 줄 알고, 이럴까 봐 아무에게도 말하지 못했던 것 같다. 이런 부정적인 소리는 힘만 빠지게 만든다. 정말 트레이너는 아닌 걸까? 앞에 펴놓은 책에 전혀 집중이 되지 않았다. '아버지는 내가 매일 공장에서 나쁜 공기나 마시면서 위험에 노출된 장소에서, 언제 다칠지 모르는 곳에서 평생 살기를 바라는 걸까?' 이런 고통스러운 생각에 잠겼다.

아버지의 마음을 이해하지 못하는 건 아니었다. 아버지는 사람들의 헤어스타일을 관리해주시는 이발사다. 긴 시간 동안 목욕탕 남탕에서 이발사 일을 하고 계셨다. 울산의 대형목욕탕은 헬스장을 함께 운영하는 곳이 많아서 알고 계신 트레이너분들도 많이 있었다. 퍼스널 트레이너 지인이 많다는 건, 그만큼 헬스장에 트레이너들이 많이 바뀌었다는 뜻이었다. 아버지의 마음에는 이미 이 직업에 대해 오래가지 못하는 직업이라는 확신이 자리

잡고 있었다. 그런 상황에서 하나뿐인 아들이 트레이너를 한다고
하니 성에 찰 리 없었다.

실제로 보디빌더 대회에 나가서 1등을 했던 트레이너분들
도 돈벌이가 되지 않는다는 이유로 지금은 막노동을 하고 계셨
다. 헬스장을 직접 차려서 운영하시는 분은 늘 힘들다는 소리, 경
기 어렵다는 소리만 반복한다고 하셨다. 먹을 거 못 먹어가며 무
거운 쇳덩이만 들고, 관절 아픈 걸 참아가며 보디빌딩 대회에 참
석하던 트레이너들의 모습이 아버지 눈에는 골병드는 직업이라
는 생각이 들게 했다.

그러더라도 인생에서 처음으로 꿈이 생겼는데, 응원은 못
해줄망정 말리기만 하는 아버지가 내 인생의 드림 브레이커로 보
이기 시작했다. 부모님이 반대하는 직업이라니… 찝찝함을 지울
수 없었다. 공장에서 평생 썩을 수는 없다는 생각과 함께 점점 오
기가 생기기 시작했다. 당시 내가 다녔던 공장은 20대에 입사하
면 기본 일당이 65,000원이었고, 40대는 80,000원을 받을 수 있
었다. 똑같이 처음 하는 일이라 해도 어린 사람은 낮은 보수가 지
급되는 곳이었다. 정말 아버지가 내가 공장을 평생직장으로 삼길
원하신다면 트레이너에 도전해보고 포기했을 때 해도 된다고 생
각했다. 사실 나는 그럴 일 없게 아버지 생각이 틀렸다는 걸 입증
하고 싶어졌다.

대회에 나가 1등을 하고도 막노동을 하며 어렵게 살고 있는

건 그 사람의 문제이지, 트레이너라는 직업의 문제가 아니라고 믿었다. 지금까지도 트레이너를 하면서 힘들 때면 아버지께 인정받기 위해서라도 더 열심히 하겠다는 마음가짐을 굳게 하고 있다. 현장에서 배운다는 마인드로 두 곳의 헬스장에서 투잡을 시작했다. 현장에서는 배울 점이 너무도 많았다. 시작하자마자 부족함을 느꼈는데 첫 번째는 우리 몸에 대한 지식이 너무도 없다는 점이었다. 운동 경험과 국가 발급 자격증 시험을 칠 때 준비했던 약간의 이론들만 가지고는 현장에서 어려움이 있었다. 헬스장 회원님들의 질문은 가지각색이었는데, 나는 전혀 궁금해본 적 없는 질문도 있었고, 갑자기 질문하면 알고 있던 내용마저 머릿속이 하얘졌다. 그럴 때마다 내가 할 수 있었던 것은 얼버무리기였다. "잘 모르겠습니다."라는 말 대신 상황을 피하기 위해 버벅거리며 둘러대기 일쑤였는데, 그런 답을 듣고 계셨던 회원님들의 표정이 좋을 리 없었다. 말하자면 '이게 무슨 트레이너야?'라는 표정이었다.

얼버무리기도 하루 이틀이지 지식을 채우기 위해 준비하기로 다짐했다. 주 6일제 투잡을 했기에 트레이닝 교육기관의 주말반을 등록하는 데 어려움이 있었다. 평일반은 당연히 참석할 수 없었고, 인터넷을 검색해가며 공부하는 것도 어려운 용어가 많아 이해가 되지 않았다. 책도 마찬가지였다. 이걸 어떻게 해야 하나 고민하다가 운 좋게 찾았던 건 온라인으로 하는 퍼스널 트레이너 교육기관이 있었다. 다이어트 관련 영양학 강의부터 우리 몸에 대한 기본지식, 생리학 등등을 배울 수 있는 곳이었다.

쌘 비용은 아니었지만 집에서도 공부할 수 있다는 생각에 너무 기뻤다. 궁금한 점을 게시판에 질문할 수 있는 부분이 제일 좋았다. 하나씩 하나씩 회원님들이 할 수 있는 예상 질문들을 생각해가며 공부하는 것도 참된 재미였다. 그토록 원했던 직업이었기에 궁금한 것도 많아서 게시판에는 내가 작성한 질문이 제일 많았다. 며칠 후 다이어트 프로그래머라는 자격증도 생겼고, 퍼스널 트레이너 자격증도 생겼다. 사실 돈만 주면 다 따는 자격증이었지만 하나씩 채워가는 기분은 즐거움 그 자체였다. 더 많은 경험을 하고 싶었다. 9개월간 트레이너를 하면서 1:1로 피티를 했던 고객은 단 3명밖에 없었기에 나는 친구에게 부탁을 했다.

무료로 피티를 진행해주기 시작한 거다. 오전 타임에 일하는 곳에서는 관장님이 오시기 전까지 헬스장에 혼자 있었고, 오후에 일하는 곳에서는 헬스장 관리를 혼자 했었기 때문에 누군가의 눈치를 볼 필요가 없었다. 친구와 시간 약속을 잡고, 정말로 고객이라 생각하며 관리해주기 시작했다. 어떻게 먹었는지 체크도 하고, 알고 있는 운동들을 시키면서 체성분 측정도 하고, 하나하나 세심하게 체크해가기 시작했다. 이런 경험들에 의해 운동을 지도하는 것에 대한 긴장감이 자연스럽게 줄어들었다. 인생에서 자기관리가 한 번도 없던 사람을 운동을 통해 변화를 느끼게 해주고, 활력을 만들어주고, 습관이 될 수 있게 만들어주는 재미가 이 직업의 보람이었다. 누군가를 돕는다는 게 기분 좋은 일이라는 걸 느끼면서 성취감도 크게 가질 수 있었다. 성취감이 있는 직업, 내 인생에 처음 있는 일이었다. 이런 보람된 일을 더 많이 하고 싶었다. 헬스장을 다니고 있는 회원님들에게 당당하게 비용을 받으면서 많은 사람들을 관리하고 싶었다. 9개월 동안 3명밖에 관리할 수 없었던 이유는 온전히 나 자신한테 있었다. 나는 더 많은 고객들에게 선택받기 위해, 마케팅과 세일즈 기술을 배우고 좋은 트레이너로 성장하기 위해 상경을 택하게 됐다. 트레이너 교육기관에 등록하고 바로 옆 고시텔을 숙소로 잡았다. 현장에서 부족함을 체크하고 채워가기 시작했던 것이 지금까지 살아남을 수 있었던 이유인 거 같다.

요즘은 40대 후반에서 50대가 되면 직장에서 눈치를 봐야 한다고 한다. 결국 퇴직을 생각할 수밖에 없고, 남은 인생을 어떻게 보낼지 걱정하게 된다고 한다. 벌써 30대가 된 것을 보면 이런 얘기가 남의 일이 아닌 곧 나의 이야기로 들린다. 40대, 50대가 돼서도 이 직업을 유지하고 싶다면, 어떻게 해야 할지가 우리나라 트레이너 모두에게 주어진 숙제일 것이다. 지인 중에는 40대 후반임에도 호텔 소속 트레이너로 피티 1회당 15만 원을 받는 실력자 트레이너분도 있으시고, 대형센터에서 문제없이 트레이닝을 진행하고 계신 40대 트레이너 분들도 많이 있다. 자신이 트레이너를 하며 겪었던 스킬로 트레이닝 교육기관을 설립하신 선생님도 있으시고, 헬스장을 운영하는 분들도 있으시다. 결국 오래 할 수 있는 방법도 스스로 만들어가는 거라 생각된다. 부족함을 깨닫고 채워가는 사람만이 살아남는다.

　　트레이너라는 직업은 트레이닝만 하는 게 아니라, 발전을 위한 공부와 고객에게 선택받기 위한 마케팅도 해야 하는 직업이다. 세일즈를 나쁜 눈으로 보려고 하지 마라. 우리나라에는 실력도 없이 젊을 때 잠깐 돈을 벌기 위해 트레이너를 하는 사람들도 많이 있다. 내가 세일즈를 하지 않아서 고객이 그런 트레이너를 선택하게 된다면 그게 가장 나쁜 상황 아닌가? 트레이너와 피티에 대한 인식도 나빠질 게 뻔하다. 더 공부하고 성장하고 발전해서 좋은 고객들을 직접 관리할 수 있게 움직여라.

몸이 크고 좋아야 한다

초등학생 시절 지긋지긋하게 공부를 했다. 집으로 한자부터 수학, 영어, 컴퓨터까지 여러 명의 선생님이 왔다 갔다 했다. 잘 가르친다고 소문났던 학원에서 새벽 6시부터 공부하고 등교했던 적도 있다. 초등학교 5학년 때는 1:1 과외도 했다. 집이 잘사는 것도 아닌데, 우리 어머니는 교육에 엄청난 투자를 하셨다. 피아노, 태권도, 예체능까지 배워보지 못한 종목이 없는 것 같다. 문제는 그렇게 많은 과목 중 내가 하고 싶었던 것은 하나도 없었다는 점이다. 그저 강제로 하고 있는 것들이었다. 자유가 필요했다.

부모님 몰래 학원을 결석하기도 했다. 어머니가 집에 계실 때 전화가 울리면 언제나 마음이 조마조마했다. 그래도 혼나고 맞는 시간보다 공부에 쓰는 시간이 더 싫었다. 집으로 방문하는 선생님이 노크를 할 때 아무도 없는 척하며 문을 열어주지 않았던 적도 있다. 선생님은 내가 집에 있다는 걸 알고 계신 것처럼 5분 단위로 노크하셨고, 돌아가시길 바라는 마음으로 숨소리도 없이 마음을 줄이며 가만히 숨어있었다. 30분쯤 지났을까, 노크 소리는 더 이상 들리지 않았고, 어느덧 두 살 위의 누나가 학교에서 올 시간이 됐다. 열쇠로 문을 열고 들어오는 누나에게 인사하러 현관문 쪽으로 뛰어갔는데 선생님이 같이 들어오고 계셨다. 선생님과 마주 앉아 너 같은 놈 처음 본다며 혼나고, 누나한테도 혼나고, 엄마한테도 혼났던 기억이 있다. 학원과 공부 없는 인생을 원했다.

아버지와 어머니는 내가 초등학교 6학년이 됐을 때 서로 결별을 하셨다. 그때부터 아빠 옆에 누워 잠들었다. 밤이면 밤마다 베개에 남아있는 엄마 냄새 때문에 항상 베개는 축축해져 있었다. 밤마다 울었음에도 눈을 뜨면 공부하지 않아도 된다는 생각에 자유를 느낄 수 있었다. 아버지는 교육 쪽으로 크게 관여하지 않으셨기 때문이다. 초등학교를 졸업하고 중학생이 됐을 때 남들이 다 학원을 다니니까 나도 학원을 가야 할 것 같았다. 아버지께 학원을 가겠다고 말씀드렸더니 회비를 챙겨주셨고 나는 우리 학교 학생들로 가득 찼던 소문난 입시학원에 등록하게 됐다.

하지만 도무지 배움의 목적을 이해할 수도 없었고 재미도 없었다. 시간 때우러 다니다가 초등학생 때 버릇대로 결석을 했다. 아버지가 이 사실을 알고 몽둥이로 엄청 때려주셨다. 아버지가 쉬는 날은 항상 학원까지 차로 태워주셨는데 입구로 들어가는 걸 확인하시고야 집에 가셨다. 그러나 그것마저도 지속하지 못하고 중학교 때부터 공부에서 손을 완전히 뗐다. 시험 날 OMR카드를 받으면 3번으로 쭉 색칠하고 취침을 했다. 시험은 학교가 일찍 끝나서 좋은 날일 뿐이었다. 그렇게 실업계 고등학교로 가게 됐고, 거기서도 공부는 나와 거리가 멀었다.

가장 친한 친구 한 명은 나와 비슷했다. 중학교 때 여러 학원에서 이 친구는 늘 내 옆에 있었다. 우리의 공통점은 3개월을 지속하지 못했다는 점이다. 고등학교 2학년이 됐을 때 이 친구가 헬스장을 가보자고 제안을 했다. 헬스? 몸짱이 되고 싶다는 생각이 스멀스멀 올라왔다. 중학교 때부터 몸짱이 되고 싶은 욕망은 있었다. 무거운 걸 들면 키가 크지 않을까 봐 '성장판이 닫히면 헬스를 시작해야지.'라는 생각을 가지고 있었는데, 그게 바로 지금이구나 싶었다. 헬스장에 등록하고 난 후 3개월을 훌쩍 넘겨 계속 운동을 하고 있는 내 자신이 신기하기만 했다. 친구도 같은 마음이었다. 무언가 돈을 주고 하면서 계속하고 싶다고 느낀 것은 처음이었다. 우리는 적성에 맞는 걸 찾았다며 좋아했다. 친구에게도 나에게도 처음 있는 일이었다.

하루 일과는 학교, 헬스장, 집이었다. 그러나 몇 개월이 흘러도 몸이 크게 변하지 않자 운동에 흥미를 점점 잃어갔다. 당시 친구들 사이에서 아르바이트 열풍이 불었는데 나도 돈 벌기에 관심이 가기 시작했다. 운동을 그만둘 명분으로 아르바이트를 시작했다. 햄버거집, 일식집, 고깃집, 카페 등 질릴 때면 업종을 바꿔가며, 새로운 걸 찾아다니면서 일했다. 그러다 스무 살이 되어 군인이 됐다. 아르바이트를 하면서도 가끔씩 스스로에게 던지는 질문이 있었다.

'운동을 멈추지 않았더라면 지금 내 몸은 어느 정도로 멋있을까?' 군대에 있는 시간 동안 운동을 다시 해보자며 나 자신과 약속했다. 입대 후 목표는 몸짱이었고, 부대에서 제일 몸 좋은 사람이 되어야겠다는 일념으로 일병부터 전역하는 그날까지 웨이트트레이닝은 나와 하나였다. 전역을 했을 때 운동하는 습관이 자리 잡은 게 제일 뿌듯했고, 선수처럼 자글자글 갈라지는 몸은 아니었지만 내 몸에 대해 자신감은 있었다. 몸을 하루 종일 쓰는 자동차 생산직 공장으로 출퇴근하면서도 헬스장에서 매일 1시간 30분씩 웨이트트레이닝을 했다.

고등학생 때 같이 운동을 했던 친구 역시 군대에서 몸짱이 돼서 나왔다. 몸이 크고 좋았던 친구는 헬스장에 회원등록을 했다가 관장님의 눈에 띄어 트레이너 제안을 받았다. 전역 후 나의 복장은 공장 작업복이었고, 친구는 트레이닝복을 입고 있었는데 그게 그렇게 부러웠다. 운동하는 우리를 보고 하나둘씩 헬스를 시작하는 친구들이 생기기 시작했다. 한창 허세가 있던 시절이라 반팔티를 입을 때 소매가 헐렁거리면 없어 보인다며 친구들에게 운동을 권하기 시작했다.

한번은 친구 한 명이 다쳐서 병문안을 갔는데, 다들 운동 좀 했다는 친구들이 한자리에 모이게 됐다. 팔씨름해보자며 말이 오가다가 체형이 비슷한 한 친구와 팔씨름을 했는데 우열을 가늠하기 힘든 승부였다. 버티고 힘주기가 몇 분쯤 지났을까, 이번에는 반드시 넘기겠다는 생각으로 힘을 쥐어짰는데 그 찰나 어깨관절에서 팔뼈가 이탈하는 느낌과 함께 고통의 비명을 질러댔다. 병문안을 간 자리에서 일어난 일이기에 식은땀을 줄줄 흘리며 바로 응급실로 이송됐다. 군대에서 축구를 하다가 넘어져서 어깨가 탈골됐던 적이 있는데 그 후 한 번씩 재발하고는 했었다. 그런데 이번에는 문제가 심상치 않아서 병원에서는 수술을 권했다. 다니고 있던 공장은 그때 퇴사를 했고, 회복하는 동안 운동은 못하더라도 트레이너가 되기 위한 지식을 쌓을 기회로 삼기로 했다. 4주간 보호대를 착용하고 생활한 뒤 풀었는데 내 팔은 바보처럼 위로 올리는 방법도 잊어버렸고, 옆으로 움직이지도 못했다. 보호대 착용 자세 그대로 굳어버린 것이다. 겨우 4주 움직이지 않았다고 20년 넘게 움직였던 움직임을 잊는다는 사실에 어이가 없었다. 무인도에 가면 벙어리가 된다는 말이 무슨 말인지 이해가 됐다. 3년이라는 시간 동안 노력으로 차곡차곡 저축하듯 모아둔 근육은 파산 나서 남김없이 손실돼 버렸다. 푸시업을 할 힘조차 없는데 트레이너 국가 발급 자격증 시험이 코앞이라 한숨만 나왔다.

구술과 실기 시험 때 당당하게 상의 탈의를 하고 들어가면 합격률이 높다는 말과 몸 관리는 어느 정도 돼 있어야 합격할 수 있다는 말이 계속 거슬리고 불안하게 만들었다. 더구나 의사 선생님은 당분간은 운동을 하지 말라고 하셨다. 오른손으로 양치하고 팔을 위로 올리는 등 생활 속에서 움직임의 범위를 늘려가라고만 하셨다. 의사 선생님 앞에서 하소연을 했다. 처음으로 꿈이라는 게 생겼고, 3개월 뒤면 1년에 딱 한 번 치르는 시험일이 닥치는데, 근육이 있어야 합격할 수 있어 운동을 해야 한다고 말했다. 의사 선생님은 가만히 듣더니 그럼 가볍게, 서서히 운동을 해보라고 하셨다.

푸시업도 하나 못하는 사람이 트레이너를 꿈꾼다? 내 자존심 역시 허락하지 않았다. 헬스장은 꼭 나의 무대인 것 같았는데, 약해진 모습으로 운동을 하려니 부끄럽기도 했다. 1킬로그램부터 시작하기로 했다. 다리는 멀쩡했기 때문에 하체운동은 강하게 진행했고, 상체운동은 남이 봤을 때 장난하시나 보다 할 정도로 가볍게 진행했다. 1킬로그램 덤벨을 가지고 덤벨 벤치프레스를 하고 있는 모습을 상상하면 되겠다.

1킬로그램을 들면서 '10킬로그램이다', '20킬로그램이다.'라고 생각하며 운동을 반복했다. 어깨 회복이 불완전해서 무게는 좀처럼 올라가지 않았고, 이 기회에 지식이나 쌓자며 이론 공부에 더 많은 시간을 쏟았다. 그 결과 구술 및 실기 시험에서 무난히 합격했고, 2012년 6월 1일부터 트레이너 일을 본격적으로 시작했다.

대부분 몸이 크고 좋아야 트레이너를 할 수 있다고 생각하는 것 같다. 물론 외관상으로 봤을 때 단단하고 관리된 모습은 고객의 신뢰를 얻기 쉽다. 하지만 반드시 알아야 할 점이 있다. 보디빌더와 트레이너는 분명 다른 직업이라는 것이다. 보디빌더는 자신의 몸을 가꾸는 게 주가 되는 사람이고, 트레이너는 고객의 몸을 가꾸어주는 사람이라는 걸 알았으면 좋겠다. 실제로 보디빌더를 트레이너로 뽑지 않는 헬스센터도 많다. 고객에게 잘해주어야지 자기 몸관리를 최우선으로 하는 트레이너는 직업적 본질에서 어긋나기 때문이다. 하지만 몸이 왜소하다면 키우려고 노력하고, 살이 많다면 다이어트에도 신경 쓰길 바란다. 자기관리도 잘하고, 고객관리도 잘하는 트레이너가 금상첨화 아닌가. 기억해야 할 점은 몸관리뿐 아니라 지식관리, 자기관리, 고객관리에 균형을 맞춰야 한다는 점이다. 몸만 크고 좋다고 해서 당신을 선택할 고객은 없다.

퍼스널 트레이닝을 진행하다 보면 고객님들께서 가족, 친구, 지인을 소개해주시는 경우가 종종 있다. 고객이 친구를 소개시켜 준다고 했을 때 트레이너의 몸이 좋다는 이유로 소개해주는 경우는 정확히 0%다. 트레이너 선생님이 사람 대 사람으로 진심으로 대해주고, 노력으로 만든 운동성과를 자기보다 더 좋아해주고, 지속할 수 있게 동기부여 해주는 점들에 감동해서 친구들과 가족들에게 추천을 해주는 게 아닐까.

트레이너의 몸관리는 고객만족보다 자기만족에 더 가까운 것 같다. 솔직해졌으면 좋겠다. 개인 운동에만 지나치게 몰입하면 그것은 보디빌더의 길이지 트레이너의 길이 아니다. 고객관리, 자기관리, 지식관리 역시 트레이너라는 직업에 포함돼 있다는 사실을 말이다. 몸이 부족하다면 운동시간을 늘리고, 지식이 부족하다면 공부를 하고, 고객이 당신을 선택할 이유가 없다면 무엇을 해야 할지 생각해봐야 한다. 부족한 것은 채워가면 된다. 단, 그 무엇도 멈추지는 말아야 한다.

　　잃어버린 근육을 찾기 위해 운동에 올인 했던 적이 있다. 긴 시간이 지나 푸시업도 할 수 있게 되었고, 덤벨 무게도 올릴 수 있게 되었지만, 운동을 하루라도 하지 않으면 근육이 손실될 것 같은 강박에 시달렸다. 손목 인대가 다쳤을 때는 붕대를 똘똘 감고 운동했고, 관절이 아프면 근육을 더 아프게 만들어서 상대적으로 관절이 아프지 않다고 느낄 때까지 계속 운동했다. 추석과 설날에도 휴식이 고통스러워 일일입장이 가능한 곳이 있는지 매번 찾아다녔다. 그런데 매달 받는 급여와 피티매출, 고객만족이 한 번에 하락했던 지점들을 분석해보니 오직 운동에만 매진하던 나의 모습을 발견할 수 있었다. 핸드폰 앨범에는 내 몸 사진으로 도배되어 있었다. 그때 다니던 헬스장 이사님도 내게 근육 집착남처럼 보여 보기 좋지 않다고 말씀하셨다. 트레이너는 자신을 잘 가꿀 때보다, 고객을 잘 관리할 때가 더 멋있다.

아직 시작이 어려운가?

2012년 6월 1일 트레이너라는 이름으로 첫 출근을 했다. 몸도 좋지 않고, 미래에 대한 걱정도 많고, 돈도 많이 벌고 싶던, 당시 내일기장에는 "파티는 시작됐다."고 적혀있다. 수많은 두려움을 뚫고 트레이너가 되겠다는 꿈을 실행으로 옮겼다는 이유만으로도 나 자신이 기특했다. 인생에서 가장 잘한 일이 있다면 트레이너를 시작한 일이다. 그날 이후 파티의 연속이었다. 선물 같은 하루들이 나를 기다리고 있었고, 그 선물을 받기 위한 대가 역시 기쁘게 치러나갔다. 그 길에는 슬픔과 역경, 떨어지는 자존감과 고단함 역시 공존했다. 세 글자로 말하자면 '성장통'이었다.

울산에서 트레이너 생활을 접고, 서울로 왔을 때 아침 9시부터 저녁 6시까지 트레이너 교육기관에서 공부를 했다. 서울로온 첫 번째 이유는 오직 배움이었다. 교육기관 대표님께서는 항상 열정적으로 강의를 해주셨는데, 교육기관과 함께 피티 전문 숍을 같이 운영하시는 분이었다. 피티 숍 직원들이 다 퇴사를 해서 한 명의 남자 직원과 프리랜서로 수업이 있을 때만 나와서 수업을 하는 40대 여자 선생님 한 분이 있으셨다. 나를 포함한 교육생 4명이 대표님의 눈에 띄어 피티 숍에서 트레이너라는 타이틀을 달고 일을 시작하게 됐다. 남자 팀장 1명, 프리랜서 여자 1명, 신입 4명이 일하는 공간이었다.

서울 생활, 첫 근무지에서 받았던 급여는 평균 월 30만 원이었다. 고시텔 월세가 30만 원이었으니 생활비를 하나도 쓰지 않아야 유지되는 삶이었다. 딱 1,000만 원을 들고 서울로 올라왔는데 통장 잔고는 계속해서 줄어갔다. 최소한 핸드폰 사용료, 보험료, 월세는 매달 내야 했는데 그 압박은 받아본 사람만 알 것이다. 통장에 입금 내역이 0원이었던 달도 몇 번 있었다. 기본급이 없는 생활이었다. 고객에게 12회 피티를 선택받으면 30만 원의 돈이 통장으로 들어오는 방식이었는데, 가장 많이 들어온 달은 90만 원이었다.

전단지도 돌려보고, 고객이 숍으로 방문하는 아침 10시부터 새벽 2시까지 죽치고 앉아있어도 봤다. 하지만 답이 나오지 않았다. 이러다 다시 울산으로 내려가야 하나 싶어서 지푸라기라도 잡는 심정으로 뭐라도 해야 했다. 굶주린 트레이너끼리 모여서 고객 모집을 위한 프로젝트를 계획했다. 파워포인트로 연예기획사와 웨딩회사에 보낼 제휴제안서를 두 개 완성시켰다. 연습생을 할인된 비용으로 관리해주겠다는 제안과 신부들을 예쁘게 관리해주겠다는 순수한 내용의 제안서였다. 낯을 가리는 성격이라

회사 입구에서 노크를 할까 말까 고민하다 그대로 퇴근을 하기도 했고, 용기 내서 입구로 들어가 책임자 좀 만나고 싶다고 말했다가 잡상인 쫓겨나듯 나오기도 했다. 그냥 메일로 보내달라는 식이었다. 관심을 보여준 연예기획사 한 곳에서 연락이 오기도 했는데 비용 없이 관리받고 싶다며 협찬을 요구했다. 그렇게 실패에 실패를 거듭하다가 첫 제휴를 체결한 곳이 대형 프랜차이즈 미용실이었다. 서로 고객을 보내주기로 하고 할인쿠폰도 만들었고, 미용실 직원들을 상대로 아침에 다이어트 교육도 제공했다.

그때쯤 블로그를 시작했다. 글을 써본 적이 없던 사람이 글을 쓰려니 그렇게 낯간지러울 수가 없었다. 하루 일과를 일기처럼 써보고, 좋은 트레이너가 되기 위해 매일 공부하는 내용도 쓰고, 어떤 트레이너가 되고 싶은지도 썼다. 고객이 피티를 받기 위해 줄을 서있는 모습을 꿈꾼다고 적었다. 부끄러웠다. 허창현을 아는 사람은 제발 내 글을 보지 않길 바랐다. 그런데 시간이 흘러 블로그를 보고 피티를 받고 싶다며 방문하는 사람들이 생겼다. 척추전문 트레이닝 숍이었기 때문에 허리운동에 대해서도 글로 쓰고, 소수였지만 고객의 척추가 곧아진 것도 비포애프터 사진으로 올렸다. MBC 방송사에서 연락이 왔다. 허리에 좋은 운동들을 좀 소개해달라는 출연 요청이었다. 출연료도 받고, 같이 공부하며 생활했던 트레이너들과 함께 보기 좋게 방송에 나왔다. 제공되는 메이크업과 머리 손질을 받자 마치 성공한 사람이 된 것 같은 기분이 들었다. 방송이 나간 다음 날에는 고객들이 숍 앞에 줄을 서있을 줄 알았다. 너무 바빠지면 피곤하겠다는 둥 우스갯소리를 했다. 하지만 방송은 그뿐이었다. 아무도 방송을 보고 우리를 알아봐주지 않았고, 통장 잔고는 계속해서 줄어갔다.

허리띠를 조여 매기 시작했다. 고시텔에서는 밥과 김치가 무료로 제공됐다. 큰 도시락 통에 밥과 김치를 담아 같은 처지에 있던 동료들과 나눠 먹었다. 100g에 400원 하는 냉동 닭 안심을 사고, 500원씩 걷어 2,000원짜리 양배추를 사서 나름 5대 영양소를 챙겨 먹었다. 가족들이 보고 싶어도 울산에 갈 차비가 아까워서 가지 못했고, 보험사와 물리치료사를 하며 서울에 올라와 있던 친구들의 연락이 오는 건 말 그대로 고통이었다. 거절 못 하는 성격이라 나가면 만 원, 2만 원은 우스운데 절대 쓰면 안 되는 돈이었기 때문이다. 군대에서 제일 많이 챙겨주셨던 선임이 결혼을 한다고 연락이 왔을 때는 걱정부터 앞섰다. 축의금으로 최소 5만 원은 내야 했기에 아끼고 아끼다가 결국에는 숍 대표님을 찾아갈 수밖에 없었다. 오전에는 기본급이 있는 헬스장에서 새벽 트레이너로 일하고 오후부터 출근하고 싶다고 말씀드렸다. 대표님께서는 "여기 일에 몰입해도 될까 말까 한데 다른 곳까지 신경을 쓰면 어떻게 잘할 수 있겠느냐. 그렇게 해서 안 되면 분명 더 편한 일만 찾게 될 거다."라고 말하며 굉장히 실망스럽다고 하셨다. 그러면서 대출을 권장해주셨다. 결혼을 하든, 차를 사든 남자는 빚부터 시작하는 거라면서 이 직업에 대한 확신이 있다면 대출 따위가 뭐가 무섭냐고 하셨다. 6명의 트레이너가 같이 일하면서 한

명, 한 명 순번대로 상담을 진행하고 계약이 되면 돈을 받고 피티를 하는 곳이었다. 월 0원이 찍혔다는 말은 고객님을 맞이할 내 차례가 한 번도 오지 않았다는 뜻이다. 대표님은 6명의 생계도 유지하기 힘든 상황에서 회사를 키우기 위해 갑자기 3명의 교육생을 더 취업시키겠다고 하셨다. 그건 절대로 말이 되지 않았다. 이곳에서 일하면서 대출을 받는 순간 빚쟁이가 될 거라는 확신이 있었다. 퇴사를 결심했다. 기본급이 있는 곳으로 가고 싶었다. 꿈보다 생계가 먼저였다.

기본급이 있는 대형 헬스센터에 취직했다. 그곳에는 10명의 트레이너가 있었다. 몸이 우락부락한 트레이너도 있었고, 몸은 크게 좋지 않지만 고객을 웃게 만드는 트레이너도 있었다. 대형센터로 처음 취직했을 때 체성분 측정을 해봤더니 체지방률은 정확히 25%였다. 보기 좋지 않을 정도로 비만이었고 전문성은 떨어져 보일 수밖에 없는 몸매였다. 다이어트가 절실히 필요했다. 그곳에서는 헬스장에 처음 등록한 회원에게 2번의 무료 피티를 진행해주고 있었다. 사실 2번의 무료 피티는 트레이너가 고객을 설득해서 피티를 등록하게 만드는 세일즈 시간이었다. 개인 매출을 끌어올리지 못하면 상급자로부터 눈치를 봐야 했고, 매출금액에 따라 가져가는 수업료와 인센티브가 달라졌다. 트레이너는 고객에게 직접적인 세일즈를 해야 했다. 돈 얘기를 꺼내는 게 정말 쉽지 않았다. 2번의 무료 피티를 30명에게 진행했을 때 피티를 받겠다고 말한 사람은 정확히 3명이었다. 계약 체결률 10%

였다. 센터 내에서 인정받는 트레이너가 되고 싶었지만 자존감은 하락했다. 고객이 많아져서 수업료도 많이 받고, 근무시간 내내 피티 수업을 하는 뿌듯한 하루하루를 만들고 싶었다.

세일즈에 대해 필요성을 뼈저리게 느끼고 세일즈에 관한 책도 찾아서 보고 세미나에도 참석했다. 고객이 조금씩 늘어갔지만 계속해서 아쉬움이 느껴졌다. 딱딱하게 운동만 시키는 게 아니라 대화도 어색하지 않을 정도로 이끌면서 즐거운 시간을 만들어드리고 싶었다. 하지만 현실은 기본적인 대화조차 연결되지 않고 툭툭 끊겼다. 운동 사이 쉬는 시간은 어색함 그 자체였다.

말하는 법, 대화법에 대해서도 찾아보며 무료 영상강의도 찾아서 들었다. 그러면서 블로그에 다이어트 정보와 운동 방법을 올리고, 고객님들의 비포애프터를 하나씩 계속 올렸다(사진을 올릴 때는 고객의 허락을 받는 것은 필수다). 피티 계약기간이 끝난 고객님들에게는 피티 후기를 써달라고 부탁해서 올렸다. 트레이너 생활을 하면서 경험한 이런저런 이야기들도 기록으로 남겼다. 블로그에 글이 하나씩 쌓여가며 힘이 실리기 시작했다. 블로그를 보고 피티를 받겠다며 찾아오는 사람들이 늘어나기 시작했는데 그들 대부분은 하나의 공통점이 있었다. 바로 나란 사람에 대해 어느 정도 믿음을 가지고 찾아오시는 것이다. 그러면서 차차 '피티 받으세요.'라는 구걸식 세일즈 없이도 트레이너로 선택받을 수 있었다.

그 대형 헬스센터에서는 1년 9개월 동안 일했다. 트레이너라는 직업에 대해 자신감이 많이 생겼을 때쯤 센터라는 안전한 바운더리를 벗어나, 나만의 일을 하고 싶어졌다. 내가 하나의 회사가 되고 싶었다. 헬스장에서 월급을 받는 트레이너가 아니라 헬스장에 비용을 지불하고(고객이 등록한 피티 비용의 몇 %) 고객을 모셔 지도하는 사람이 되고 싶었다. 일명 프리랜서 트레이너였다.

나는 마침내 고객 한 명당 지정된 금액을 헬스장으로 지급하며 1인 사업가로 활동하는 프리랜서 트레이너가 되었다. 스스로 고객을 모집해서 정해진 출퇴근 시간 없이 자유롭게 일할 수 있는 자유가 좋았다. 기본급이 없는 생활을 다시 한다는 게 두렵기도 했지만 처음 상경했던 때와 달리 여유도 있었다.

프리랜서 트레이너가 되면서 나는 나만의 트레이닝 숍을 만들고 싶다는 생각이 들었다. 혼자만의 힘으로 시작하기에는 엄청난 시간이 걸릴 것 같았다. 그래서 같이 공부했던 동생과 돈을 합쳐 피티 전문 스튜디오를 오픈했다. 월 30만 원 받던 트레이너에서 10배, 20배, 30배 이상을 버는 트레이너로 성장한 것이다.

이 책을 읽고 있는 예비 트레이너들에게 모두 내가 했던 방식을 따라 하라고 말하는 것이 아니다. 겁을 주려는 건 더더욱 아니다. 사실 과거의 내 인생에는 없어도 될 만큼 낭비된 시간들이 많았다. 트레이너를 선택하고 항상 미래가 불안했었는데, 지금은 내일이 궁금한 하루를 살아가고 있다. 이 감사함을 나누고 싶다. 그리고 만약 다시 떨리는 마음으로 트레이너를 시작하던 시절로 돌아가라면 6년 9개월이 걸린 이 시간을 1년, 2년으로 확 당길 수 있을 거라는 확신이 있다. 자신감도 없고 부족하기만 했던 내 모습과 닮아있는 예비 트레이너가 있다면 과거의 내 모습이라 생각하고 손을 내밀어주고 싶다. 괜찮다고, 잘할 수 있다고, 이 길로 안내하며 용기를 주고 싶다.

저질러라, 어떠한 경험도 버릴 게 없다.

부족함을 스스로 인지해라. 그게 지금 당장 공부해야 할 내용이다. 절대로 지금에 만족하지 말고, 고객님께 더 큰 만족을, 계속된 만족을 선물할 방법을 연구하고 생각해야 한다. 트레이너와 공부, 마케팅은 떼려야 뗄 수 없는 관계다.

꿈의 직업, 퍼스널 트레이너

PART 2

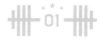

건강을 지키는 도우미

스물네 살부터 노트북으로 블로그를 작성하기 시작해 운동방법부터 유용한 운동정보, 다이어트 팁, 트레이너가 하는 일 등등 주제를 정해 채워가기 시작했다. 정성 들여 쓴 글을 한 사람이라도 더 보게 만들기 위해 모르는 사람의 블로그로 가서 팔로우 신청도 하고 댓글도 썼다. 직장인에 비하면 앉아있는 시간이 긴 것도 아니었는데 책상이 낮은 탓이었는지 목에 점점 무리가 가는 기분을 느꼈다.

대부분의 사람들이 컴퓨터 앞에 있는 시간이 나보다 길 것 같다. 상담을 하면서 '컴퓨터를 쓰시는 직업인가요?'라고 물으면 대부분 그렇다고 말씀하신다. 목과 허리 통증은 기본이고, 어깨 뭉침이 없다고 말하는 사람은 찾아보기 어려운 수준이다. 물리치료사를 하는 친구는 대부분 목 아파요, 허리 아파요, 하면서 병원을 찾아온다고 말한다. 어린아이들의 생활습관을 보면 밥을 먹으면서도 고개를 숙인 상태로 태블릿 PC나 스마트폰으로 영상을 본다.

주변에서 흔히 접할 수 있는 병이나 통증, 즉 혈압부터 당뇨, 거북목, 허리디스크, 라운드숄더 등등의 원인은 대부분 단순하게도 나쁜 생활습관과 자세가 만들어낸 것이다. 바르게 앉아있는 것만으로도 어느 정도 체형이 바르게 될 수 있지만, 사람들은 바른 자세를 하고 있으면 오히려 불편하게 느껴진다고 말한다. 게다가 어떤 게 바른 자세인지도 잊어버리게 됐다. 스트레스도 많은 문제를 일으킨다. 스트레스는 염산과 같다고 비유하고 싶다. 염산을 머리에 한 방울 떨어뜨리게 되면 머리카락이 그 부위만큼 없어지는 것처럼 스트레스도 원형탈모를 일으킨다. 탈모는 작은 예시일 뿐, 내 나이 또래에도 암에 걸린 사람이 수두룩하다. 원인은 스트레스였다.

20대 후반에 일찍 결혼을 하고 박사과정을 준비하고 있는 고객님 한 분이 있으시다. 석사를 준비하는 친구들이 자신을 다 부러워한다고 말했다. 하지만 어깨는 늘 가방을 메고 있는 거처럼 무겁다고 말씀하셨고, 목은 조금만 숙이고 있어도 떨어질 거 같은 통증을 느끼고 가만히 있어도 아프다고 말씀하셨다. 허리는 말할 것도 없이 그냥 아픈 게 익숙한 분이었다. 운동을 하면 좀 낫지 않을까? 건강하게 살고 싶다는 생각에 찾아오셨다고 했다. 잘 살기 위해 하는 일들이 자기 자신을 죽이고 있는 경우가 많아 안타까울 뿐이다. 고객이 땀 흘리며 운동하고, 불편한 부위를 조금이라도 개선해나가기 위해 몸관리를 꾸준히 해야 한다는 사실을 깨닫는 것만으로 감사하다. 나와 트레이닝 수업 약속이 돼있음에도 야근, 회식, 피곤하다는 이유로 약속을 취소하는 분들이 종종 있으시다. 이런 분들의 삶을 들여다보면, 그나마 운동을 한다는 것도 기적처럼 보일 정도로 바쁜 하루를 살고 계신다. 예기치 않은 야근에, 운동 좀 해야지 하면 회식이 잡히고, 다음 날은 무조건 운동해야지 다짐하더라도 피곤해서 운동을 하지 못한다. 『독서 천재가 된 홍 팀장』이라는 강규형 저자의 책에서 코카콜라 회장이었던 대프트가 직원들에게 신년 문자로 보냈던 내용을 본 적이 있다.

"삶이란 공중에서 다섯 개의 공을 돌리는 저글링 게임입니다. 다섯 개의 공에 일, 가족, 건강, 친구, 자기 자신이라고 이름을 붙여 봅시다. 조만간 일이라는 공은 고무공이라서 떨어뜨리더라도 바로 튀어 오른다는 것을 알게 됩니다. 그러나 다른 네 개의 공은 유리공이라서 하나라도 떨어뜨리면 닳고 긁히고 깨져 다시는 전과 같이 될 수 없습니다. 중요한 것은 다섯 개의 공의 균형을 어떻게 유지하느냐는 것입니다."

일과 삶의 밸런스, 나는 이 내용을 항상 회원님들에게 말해주곤 한다. 일은 고무공이라서 떨어뜨리더라도 튀어 오르지만 자기 자신이라는 공은 유리공이라서 떨어뜨리면 닳거나 깨지거나 금이 가서 예전으로 절대 돌아갈 수 없다고 말한다. 다들 맞는 말이라고 인정하신다. 회식을 하면 집까지 20분이라도 걸어서 들어가시고, 야근을 하더라도 30분만 나와서 러닝머신을 하라고 부탁드린다. 피로를 운동이 해결해주는지 지켜보자며 한 주에 3번, 4번씩만 운동하러 나와서 얼굴을 보기로 약속한다.

당연히 쉽지 않다. 그러나 이번 주에 실패하면, 다음 주에 도전하고, 또 실패하면 다시 도전하면 된다. 사람들은 자신과의 약속보다 타인과의 약속을 더 지키고자 노력한다. 그래서 '오늘 운동 해야지.' 하고 자신과 약속하면 회식, 야근 등등 타협할 거리가 생기지만, 담당 트레이너와의 약속을 어기려 하면 미안한 마음이 저절로 생긴다. 약속을 지키려 했을 뿐인데 어느 순간 회원님들에게 관리하는 삶이 자리 잡혀 있다. 더 이상 할 말이 없다. 이런 습관만 자리 잡으면 이게 진정한 비포애프터 아니겠는가? 피티 계약이 모두 끝나더라도 회원님의 인생에 자기관리라는 단어가 포함돼 있길 바라는 게 트레이너의 마음이다.

서울대입구역 쪽 대형센터에서 일할 때 고등학교 2학년 남학생과 상담을 했었다. 처음에는 엄마가 운동을 좀 해보라며 보낸 것이었다. 어머니와 통화를 마친 뒤, 담당 트레이너로 선택받았다. 고등학생이던 고객은 그 나이부터 고혈압, 고도비만으로 운동은 한 번도 해본 적이 없는 친구였다. 그런 친구에게 50분 트레이닝 수업을 한다는 것은 분명 고통 그 자체다. 이런 분들에게는 이 정도면 할 만하다, 나도 할 수 있겠다는 생각이 들게 만드는 것이 우선이다.

수업이 끝나면 바로 집으로 보냈고, 절대 추가로 유산소운동을 시키지 않았다. 그 친구는 50분만 버티자는 생각으로 주 3회 수업 약속을 지켰다. 운동 부족에 과식 습관이 있었던 친구는 스스로 음식량을 줄여가기 시작했고 교복이 점점 커지기 시작했다.

어느 정도 시간이 지났을 때 어머니께로부터 전화가 왔다. 재등록 얘기와 함께 건강검진에서 혈압도 정상으로 나왔다며 고맙다고 말씀하셨다. 당연히 어머니도 내게 피티를 받는 고객이 됐다. 고객이 스스로 변화를 느끼게 해주고, 잘하고 있다며 칭찬해주며 그의 변화를 내 변화만큼 좋아해주는 게 트레이너로서 인생의 낙인 것 같다. 3년 정도 흘렀을 때 친구와 서울대 입구에 갈 일이 있었다. 뭐 먹지? 하다가 예전 고등학생 회원의 어머니가 하시는 치킨가게로 가게 됐다. 세월이 흘러도 어머니는 나를 알아봐주셨고, 서비스도 주시면서 반갑게 인사해주셨다. 그때 들었던 말은 그날 하루를 행복하게 만들어주었다.

"우리 태선이, 군대에서도 시간 내서 계속 운동하고 있어요."

트레이너는 다른 사람의 건강을 지키는 도우미다. 땀을 흘리게 만드는 것만으로도 스트레스를 풀리게 하고, 덤으로 몸의 변화를 경험하며, 숨어있던 자신의 가치를 발견하게 만든다. 스트레스를 먹는 것으로 풀었던 사람이 왜 그렇게 살았는지 모르겠다고 말한다. 맛있는 음식을 먹는 것은 분명 누군가에게 삶의 낙이다. 그러나 관리하면서 먹는 음식은 더 큰 행복이다. 심한 요통으로 1시간 이상 서있지도 못하던 사람이 시간 가는 줄도 모르고 3시간 동안 전시회를 관람했다며 무언가에 집중할 수 있어서 기뻤다고 말씀해주신다. 허리가 아픈 사람은 침대에 똑바로 눕지도 못하고 끙끙 앓는다. 자연히 스트레스가 쌓일 수밖에 없다. 트레이너는 더 이상 통증이 악화되지 않게 도와주기도 하고, 통증이 서서히 좋아지도록 도와주기도 한다.

나는 습관성 어깨 탈골로 수술 후 1년이 넘는 시간 동안, 푸시업 하나도 제대로 하지 못했다. 어깨가 또 빠지지 않을까 항상 불안했고, 덤벨 중량을 늘려가는 것에도 한계가 있었다. 긴 시간이 흘러 용기를 내서 푸시업을 성공했을 때 내 능력을 과소평가했다는 걸 깨달았다. 혼자였다면 분명 더 많은 시간이 걸렸을 것이다. 푸시업을 성공했을 때는 나에게 믿음을 준 한 사람이 있었다. 나보다 경험도 많고, 지식도 많은 트레이너 선배였다. 할 수 있다고 말해주고, 도와주겠다고 말해주고, 안전하게 나를 잡아주었다. 나는 덕분에 늘 하던 것처럼 푸시업 정도는 그냥 할 수 있는 사람이 됐다.

자전거로 과속을 하다 아스팔트 바닥에 무릎으로 떨어져 후방십자인대가 거의 파열된 적이 있었다. 한동안 쩔뚝거렸고 병원에서 검사도 받고 한의원에서 침도 맞았다. 회복하는 과정에서 제대로 걷고 뛴다는 게 얼마나 감사한 일인지 알았다. 문제는 팔다리를 다치면 팔다리만 아픈 게 아니라 그 기간 동안 정신도 나약해진다는 것이다. 운동을 할 때 괜히 잘못될까 봐 불안했다. 트레이너인 나도 그러는데 하물며 고객들은 어떨까? 하지만 괜찮다고 믿어주는 사람, 할 수 있다고 도와주는 사람이 옆에 있다면 그 불안함은 어느 정도 해소될 수 있다. 고객이 무릎이 좋지 않거나 허리가 아프면 그 원인을 찾아 정확하게 트레이닝 해주어야 한다. 이처럼 믿음을 주는 트레이너가 되는 것은 무엇보다 중요하다. 테이핑교육을 들으러 갔을 때 강사님께서 하신 말씀이 기억에 난다. "테이핑은 분명 관절을 잡아주고 안전하게 만들어주는 역할을 한다. 하지만 고객이 트레이너를 믿지 못하면 아무런 효과를 보지 못한다. 트레이너를 믿는다면 하루 만에 즉시 엄청난 효과를 느끼게 될 것이다."

작년에 미루고 미뤘던 건강검진을 받았다. 고객의 건강을 책임지는 사람이 자신의 건강에 소홀하게 된다면 문제가 있다는 생각이 들었다. 건강에는 항상 자신 있었지만 어깨 수술도 하고, 자전거를 타다가 후방십자인대도 끊겨보고, 좌우 밸런스가 깨진 상태로 살다 보니 외적으로나 내적으로 건강하게 아무 문제 없이 살고 싶다는 생각이 더 커진다.

습관성 탈골 때문에 탈골에 대해서 공부하게 되고, 후방십자인대를 끊겨보니 무릎에 대해서 공부하게 됐다. 다친 순간은 고통이었지만 내 몸을 통한 경험이 큰 도움이 됐다. 나와 같은 사람을 만났을 때 자신 있게 도와줄 수 있게 되었으니 말이다. 트레이너에게 아파보라고 말하는 게 아니다. 직접 경험하지 않아도 다양한 경우에 대해 미리 준비해두라는 것이다. 누군가의 삶을 무기력한 삶에서 활력적인 삶으로 바꾸어주는 것, 외적인 변화만이 아닌 누군가의 삶을 완전히 바꾸어주는 사람이 트레이너다. 누군가에게 도움이 되고 필요한 사람이 된다는 게 참 값지지 않은가?

사람의 몸이 최고의 아름다움이다

서울 남성역, 서울대입구역, 남부터미널역 쪽에서 일을 했는데 지역마다 연령층이 다르다는 걸 알았다. 늘 젊은 분들을 상대하다가 남부터미널역 쪽에서 프리랜서 트레이너로 일할 때는 어머니보다 연세가 있으신 분들이 많았다. 60대 이상의 회원님들이 피티 상담을 요청했을 때는 꼭 불편하신 부분이 있는지와 운동목표를 묻고 도울 수 있는 부분을 찾아야 했다. 고정관념이었던 걸까? 연세가 있으신 분들은 어디가 불편해서 피티를 요청하신 줄 알았는데, 대부분 다이어트나 미용이 목적이었다. 물론 불편한 부위에 대한 언급도 하셨지만 우선은 살을 빼서 예뻐지는 게 목표였다. 젊은 층만 상대하다 보니, 어머니 이상의 연세가 드신 분들에게는 관심이 없었던 것 같다.

어머니에게 전화를 걸면 운동을 하고 계시다고 말씀하실 때가 많다. 건강도 건강이지만 운동을 하지 않으면 배가 나온다는 이유에서다. 어머니가 그 연세에 비해 예쁜 이유도 꾸준한 자기관리 덕분임이 틀림없다. 외모에 대한 관심은 나이를 불문하고

있는 것이다. 트레이너는 사람들의 그런 욕구를 직접 해소시켜
줄 수 있는 좋은 직업이다.

요즘 건강에 대한 관심이 늘어나는 만큼 미용에 대한 관심
도 끝없이 솟구치고 있다. 영상을 틀어놓고 집에서 꾸준히 운동
하는 사람도 있지만 도저히 혼자서 할 자신이 없는 사람은 트레
이너를 찾게 된다. 트레이너가 시키는 운동들은 모두 유튜브에
있는 거 아니냐며 말하는 사람도 있다. 물론 그렇게 생각할 수도
있다. 그래서 트레이너의 역할이 꼭 운동을 시키는 것만이 아님
을 고객에게 인지시켜야 한다. 트레이닝 교육자의 역할부터, 동
기부여자, 수업을 진행하지 않는 시간에도 관리를 책임지는 매니
저의 역할까지 트레이너는 충실히 행해야 한다.

나는 고객들에게 1:1 소통 어플(밴드)을 통해 하루 동안 먹
은 음식들을 모두 사진으로 찍어 올리게 하고 있다. 고객들은 식
사 때마다 사진을 찍으면서 관리 중이라는 걸 인지하게 되고, 음
식량도 조절하게 된다. 자신이 올린 사진을 보며 반성하는 날도
있고, 자기가 생각해도 관리를 잘한 날은 성취감도 생긴다. 또 고
객님의 식단을 보며 무엇이 부족하고, 무엇을 더 추가했으면 좋
겠다는 등등의 피드백을 줄 수 있으니 고객님을 빠르게 변화시킬
수 있는 지름길이 된다. 음식을 조절하기 힘들어하시는 분들한
테는 체력을 증가시켜 운동량을 늘리고, 수업이 없는 날에도 관
리하실 수 있게 만들어드리는 게 좋다. 아무리 좋은 말이고, 좋은

것이라 해도 상대가 스트레스로 받아들이면 과정의 가치가 떨어진다.

나는 168cm의 키에 80kg까지 체중을 만들어봤다. 하루에 5끼를 먹고 주 5회 이상 운동하며 체중을 늘려가기 시작했다. 체중을 늘릴 때는 그만큼 운동 강도를 높이고 근육이 좋아하는 음식들을 먹어야 하는데 식습관이 쉽게 자리 잡히지 못했고, 불안한 어깨로 인해 기구 중량도 늘려가지 못했다. 근육 위주로 체중을 늘려야 하는데 무작정 많이 먹으면서 지방만 늘어가는 느낌이었다. 상경을 하고 처음 다녔던 피티 숍에는 체성분 측정 기계가 없어서 내 몸에 지방이 어느 정도 있는지 실감이 나지 않았다 (고객들의 변화는 줄자로 허벅지, 팔뚝, 복부 등등 치수를 측정해서 보여드렸다). 대형센터로 이직을 했을 때 체성분 측정을 처음 했더니 체지방 25%가 나왔다. 믿고 싶지 않은 수치였다. 보통 남자의 경우 표준, 즉 괜찮다, 건강하다고 말할 수 있는 체지방률은 15%인데 10%나 초과된 것이다. 옷으로 가리고 있으니까 고객들은 근육이 큰? 사람으로 생각하고 있는 것 같았다. 운동을 처음 시작하는 사람보다 체지방률이 높은 트레이너라는 게 부끄러웠다. 그래서 다이어트에 대해서 공부했던 내용을 나 자신에게 테스트해보면서 나 자신을 변화시켜 보기로 다짐했다. 그리고 보디프로필 사진을 찍겠다는 목표를 세웠다. 생전 처음으로 선명한 복근을 보고 싶었다.

하루 식사를 세끼로 통제하고 규칙적인 시간에 먹으려고

노력했다. 튀김은 멀리했고, 흰밥 대신 현미를 먹었으며 채소는 늘 식사에 포함시켜 먹었다. 아침 밥 300g, 점심 밥 200g, 저녁 밥 100g씩 저울로 측정해서 먹었고, 마지막 1개월은 아침 밥도 200g 으로 줄였다. 깨어있는 상태에서는 우리 몸의 주된 에너지원이 탄수화물이다. 따라서 아침에는 탄수화물을 좀 더 많이 챙겨 먹었고, 저녁으로 갈수록 탄수화물량을 서서히 줄여가기 시작했다. 잠들었을 때 우리 몸을 회복하는 데 사용되는 주 에너지원은 단백질이다. 따라서 단백질량은 아침에는 최소한으로 먹었고, 저녁으로 갈수록 좀 더 많이 챙겨 먹었다.

고객을 관리할 때 누군가에게는 밥 1공기가 150g이 될 수 있고, 누군가에게는 400g이 될 수 있다. 따라서 저울만큼 정확한 건 없다. 물론 저울로 먹는 양을 측정해가면서까지 몸을 관리하고 싶어 하지 않는 분들도 있으시다. 그런 분들은 마트에서 판매하는 즉석밥이 보통 210g, 작은 건 130g인데, 그걸 먹어보고 참고해서 기초대사량과 활동량에 따라 자신에게 맞는 밥 양을 체크하면 좋다.

4개월간 운동과 식단관리를 지속하면서 체지방률은 한 자릿수로 떨어졌고, 복근이 자리 잡히기 시작했다. 뿌듯했다. 매일 거울 앞에서 복근이 잘 있는지 확인했으며 당장 해수욕장으로 놀러 가고 싶었다. 먹고 싶은 치즈케이크, 호두파이, 튀김음식을 뒤로하며 악착같이 다이어트를 할 수 있었던 이유는 목표가 있었기 때문이다. 건강하게 잘 챙겨 먹는 식습관과 주 5회의 운동습관이 만든 결과였다. 결과를 보자 보디 프로필 사진도 찍고 싶고, 보디빌더 대회도 나가고 싶었다. 나는 사진촬영 예정일과 보디빌더 대회 날짜를 같은 날로 맞춰 잡고 모두 입금시켜 버렸다. 포기하고 싶어도 할 수 없게 만든 것이다. 보디 프로필 사진을 찍고 식스팩을 가진 근육질의 몸매를 한 사진 속 주인공이 나라는 사실에 뿌듯했다. 카카오톡 프로필 사진으로 지정하고, 페이스북, 카카오스토리에 올리며 자랑했다. 4개월이라는 시간 동안 식욕을 참아가며 없는 힘까지 쥐어짜서 운동하면서 힘들고 예민한 하루하루의 연속이었지만, 그 고통은 D-day 날 눈 녹듯 사라졌다.

29살의 나이에 운동을 해본 적이 없고, 간호사로 3교대 근무를 하는 고객님이 한 분 있으시다. 직장과 집만 오가는 생활패턴을 취업 후 몇 년 동안 계속 유지하고 계신 분이었다. 배달음식, 불어나는 살, 떨어지는 체력, 무기력한 하루를 보내다 뭐라도 해야겠다는 생각에 피티를 선택한 분이셨다. 낯을 가리는 성격으로 수업 때도 "네", "네"라는 대답밖에 하지 않았으며, 운동도 수업이 없는 날은 한 번도 나오지 않으셨다. 50분의 피티 수업이 끝나면 유산소운동을 조금씩 권장해드렸고, 체력이 서서히 증가됐다. 배가 들어가고, 체력이 오르고, 옷 태가 바뀌는 게 신기했는지 표정이 밝아지는 게 눈에 보일 정도였다. 30%가 넘는 체지방률은 20% 초반으로 내려왔고 쉬는 날이면 등산도 가고 운동도 오시면서 점차 활동적인 사람, 활력적인 삶으로 변화되기 시작했다. 그 고객님은 이제야 운동을 왜 해야 하는지 알겠다고 말씀해 주셨다.

여행 일정이 잡혔거나 친구들과의 만남 약속이 정해지면 그 날이 오기까지 더더욱 열심히 관리하는 고객님의 모습이 보였다. 여행 갔을 때 아름다운 배경과 함께 예쁜 모습으로 사진도 남기고 싶고, 오랜만에 만난 친구들에게 예뻐졌다는 말도 듣고 싶은 게 사람 마음이다. 열심히 달려왔던 순간들과 목표 달성을 위해 지속했던 노력들이 서서히 풀려가기 시작할 때가 있다. 물론 사람은 예전의 습관으로 돌아가려는 성질이 있지만, 지금껏 했던 노력들을 뒤로하고 다시 운동이 없던 삶으로 돌아간다는 건 상상만으로도 끔찍하다. 그래서 나는 단계별로 변화에 성공했을 때 남녀 불문하고 보디 프로필 촬영을 많이 권유한다. 먹으면서 관리하고 운동하는 삶이 자리 잡게 되면 사진을 찍기에 충분한 상태가 된다. 하지만 멋진 몸을 갖기 위해서는 습관 이상의 많은 노력이 필요하다. 나는 남자는 王자 복근, 여자는 川자 복근이 보이게 해서 보디 프로필 사진을 찍는 데 도전해보자고 한다. 그 모습을 유지하기까지는 아니더라도 자기관리는 지속해야 한다는 생각이 무의식중에 침투되길 바라는 마음에서다. 나는 고객이 제일 예쁘고 멋진 자신의 모습을 간직하도록 만들어주고 싶다.

성공하는 사람 옆에는 항상 믿어주는 한 사람이 있다는 말이 있다. 고객님들에게 보디 프로필 사진을 권유하면 대부분은 못 할 것 같다고, 내가 어떻게 그런 사진을 찍을 수 있냐고 말씀하신다. 확실한 건 트레이너는 믿어주는 사람, 할 수 있다고 용기주는 사람이 되어야 한다.

한 단계 한 단계씩 목표를 잡고 함께해나가는 과정 자체가 고객님들에게 더 잘할 수 있다는 동기부여 시스템이 되도록 해야 한다. 표준 이하로 체지방률이 떨어지면 사람이 예민해지며, 가벼운 일에 화가 나기도 한다. 하지만 그 과정과 결과를 함께한 트레이너는 평생 잊지 못할 사람이 된다.

표준 이하의 모습은, 절대 유지할 수 없는 모습이며 유지하면 안 되는 모습이다. 365일 복근을 유지한다는 건 표준 이하의 체지방을 유지하고 있다는 뜻이며, 이는 보이는 것과 달리 건강과는 거리가 멀다. 나도 할 수 있다는 용기와 자신감, 관리하는 삶이 생활이 되는 것, 자신이 가장 아름다웠던 모습을 간직하는 것. 이것이 목표다. 샤넬을 창조한 가브리엘 코코 샤넬이 외모에 대한 명언을 남긴 게 있다.

"상대를 외모로 판단하지 마라. 그러나 명심하라! 당신은 외모로 판단될 것이다."

초등학교 5학년이었을 때 〈타이타닉〉 비디오를 본 적이 있다. 여자 주인공(케이트 윈슬렛)은 남자 주인공(레오나르도 디카프리오) 앞에서 옷을 다 벗은 상태로 있었고, 남자 주인공은 그 모습을 보며 스케치를 했다. 초등학생이던 내 눈에는 가히 충격적인 장면이었다. 부끄럽지도 않은가? 시간이 흘러 그 여자 주인공의 마음을 알게 됐다. 여자는 젊었을 때 가장 예쁜 자신의 모습을 간직하고 싶었던 거였다. 남자도 평생에 한 번쯤은 자신의 복근을 보고 싶어 하는 것처럼 말이다.

　타투를 직접 해보지는 않았지만, 타투리스트가 해줬던 말이 떠오른다. 타투가 값진 이유는 고통을 이겨냈기 때문이란다. 이케아는 스스로 불편을 파는 회사라고 말한다. 가구를 조립하는 과정이 불편하지만 다 만들고 나면 땀 흘렸던 시간이 더해져 사랑스러운 가구가 된다는 거다. 운동과 몸관리도 마찬가지다. 타투와 이케아처럼 고통과 불편이 따르는 일이다. 하지만 자신을 좀 더 사랑할 수 있는 삶으로 이끌어주며, 보지 못했던 자신을 만나게 해준다. 사람의 몸이 최고의 아름다움이다.

전문지식을 요구하는 직업

2018년 8월 26일, 9월 2일에 네이트 랭킹뉴스에 트레이너 관련 기사가 올라왔다. 수많은 뉴스기사 중 보란 듯이 랭킹 1위를 차지하고 있었다. "건강한 몸 가꾸기 위한 개인 피티 늘며 불만도 폭주", "헬스장 호구 노리는 피티를 아시나요?" 제목부터 살벌하다. 문제는 피티 수업의 질이었다. 비싼 돈에 비해 수업의 질이 떨어져 답답함을 느낄 때가 많다는 지적이었다. 2016년도에 발표한 체력단련시설 운영실태조사에 따르면 1회 피티 평균 금액은 5만 2천 원이라고 한다. 10분에 1만 원씩 지불하는 고객의 입장에서 그만한 값어치를 받고 있는 것인지 모르겠다, 트레이너의 전문성부터 의심된다는 내용이었다. 랭킹뉴스에서 1위를 했다는 건 그만큼 많은 사람들이 공감했다는 것이고, 수많은 댓글 속에서 너도나도 피해자라는 아우성이 글을 뚫고 나오는 것만 같았다.

대형센터에서 일할 때였다. 같은 헬스장에서 일하는 선생님에게 피티를 받던 고객이 갑자기 트레이너라는 이름으로 출근을 했다. 이 트레이너의 이름을 A라고 하겠다. 트레이닝 실력은 피티 받으면서 배웠던 운동 방법 몇 가지가 전부였지만, 전직 세일즈 영업을 했던 분이라 그런지 말로 사람들을 혹하게 만드는 재주가 있었다. 지금 등록하면 할인해주겠다부터 시작해서, 인터넷에 떠도는 비포애프터 사진들을 꼭 자신이 관리해서 만든 것처럼 포장해서 보여주고 세일즈하기 시작했다. 기겁할 노릇이었다. 저 고객님들이 친동생이고, 친누나고, 친구였다면 뜯어말렸겠지만, 사람들은 그 트레이너의 경력도, 실력도 궁금해하지 않고 결제를 하고 있었다. 센터 측에서는 신입사원이 매출도 잘 낸다며 칭찬했다. 그러자 그 트레이너는 자신을 믿고 등록한 고객들의 관리는 뒤로하고 헬스장 신규 회원들을 대상으로 피티를 세일즈 하는 데 열정을 쏟았다. 관리가 소홀하다며 환불을 요청하는 사람들이 하나둘 생기기 시작했고, 피티 수업이 아직 많이 남아있음에도 불구하고 트레이너가 추가 결제를 해달라며 돈 얘기를 수시로 꺼낸다며 점장에게 항의하는 고객도 생겼다. 물론 트레이너가 보유한 고객이 많아야 하루하루가 안정적인 것도 맞고, 수업을 진행하는 만큼 급여가 늘어나는 것도 맞다. 하지만 그렇게 매출에만 신경 쓸 시간에 트레이닝의 질을 높이기 위해 공부도 하고, 세미나에 참석도 하며, 고객을 변화시키기 위해 노력을 하는 데 시간을 투자했으면 어땠을까 싶다. 그분은 직접 피티를 받으면서 운동의 장점을 깊게 느꼈던 분이었다. 자신의 몸을 변화시키고 거기에서 오는 성취감, 자신감, 살아있는 느낌이 좋았다고 말했던 사람이었다. 그걸 다른 사람들에게도 나누고 싶은 마음으로 트레이너가 됐다면 어땠을까. 돈과 직장에서의 인정만을 좇는 짓은 참 무모한 행동 같다. 결국 그 선생님은 길게 일하지 못하고 퇴사했고 지금은 다른 직종에서 일을 하고 있다.

내가 겪은 또 다른 트레이너 한 명에 대해 얘기해주고 싶다. B라는 트레이너다. 남자다운 몸을 가지고 싶어 보디빌더 선수에게 피티를 받았던 그 사람은 아침저녁으로 하루 두 번 운동을 하며 식단조절도 하고 자기관리가 철저했던 사람이었다. 자신을 가르쳐준 선생님을 따라 보디빌더 대회에도 나가 경험을 쌓았다. 자신의 경험을 다른 사람에게도 나누고 싶은 마음에 트레이너를 시작했다. 열정이 넘쳤다. 아침마다 바나나와 닭 가슴살, 블루베리 등등을 넣어 믹서기로 갈아 먹고, 요거트도 직접 만들어 먹고, 자신의 것뿐만 아니라 고객들 것도 챙기는 부지런함을 보여주었다. 고객을 위하는 마음이 당연히 고객에게도 전달됐다.

문제는 A트레이너와 마찬가지로 피티를 받으면서 귀로 듣고 몸으로 배운 지식과 운동방법이 전부라는 것이다. 퍼스널 트레이닝의 기본 원칙은 고객 한 분 한 분, 개인의 고유한 특성에 맞춰 트레이닝 시키는 것이다. 단순히 자신의 몸을 만들어본 경험만으로는 한계가 있었다. 이런 트레이너가 할 수 있는 트레이닝 방법은 자신이 배운 그대로 가르치는 것뿐이다. 각 사람의 체력, 운동신경 등 모든 걸 무시하고 자신도 이렇게 시작했다며 똑같이 가르친다. 운동을 처음 해보는 고객에게 1시간 내내 하체운동만 시키는 경우도 있고, 어깨, 팔 등등 한 부위만 집중 공략시키는 트레이너도 있다. 3세트만 해도 다음 날 근육통에 팔도 못올릴 사람한테 그렇게 무리한 트레이닝을 시키는 것이다. 이유는 공부하지 않아서 모르기 때문이다. 모든 사람이 똑같겠지만 자신이 알고 있는 범위 안에서만 가르칠 수 있다. 자신이 배웠던 방식을 그대로 운동을 처음 접하는 고객에게 트레이닝 하는 것은 매우 위험하다.

고객 각자의 발걸음에 맞춰드려야 무리가 없고 스트레스 없이 변화할 수 있다. 고객 입장은 어떠한가? 이런 식으로 운동하면 피티는 고통스러운 시간이 될 뿐이다. '이렇게 운동하면 몸짱이 되겠구나.' 하는 기대가 들기는커녕 '운동은 나랑 맞지 않구나.' 하는 생각이 먼저 들지 않을까? 용기를 내서 운동을 시작한 사람이 당신에게 피티를 받은 후로 다시는 운동을 하고 싶어 하지 않는다면 슬프지 않은가? 어느 강도로 트레이닝을 진행해야 할지, 어떤 방식으로 접근해야 할지는 고객과의 소통도 중요하겠지만, 그 전에 모든 건 트레이너의 지식에서 나온다. 딱 아는 만큼만 트레이닝을 할 수 있다. 체력평가를 해야 하는 이유, 운동신경을 체크해야 하는 이유는 기본적으로 고객을 위해서다.

뭐부터 공부해야 할지 모르겠다면 기본적으로 영양학과 운동생리학, 호르몬과 근육에 대해 먼저 배우는 게 좋다. 이걸 알아야 트레이닝 방법에 대해서 어느 정도 기본 지식이 자리 잡히게 될 것이다. 영양을 알아야 고객들의 식습관을 바로잡아 주며 피드백 해줄 수 있고, 운동생리학을 알아야 고객이 운동하며 겪게 되는 변화들을 해석할 수 있다. 몰라서 못 하는 것과 알면서 안 하는 것은 분명 차이가 있다.

버스에 앉아있는 한 학생 옆에 할아버지가 힘들게 서있다고 가정해보자. 자리를 양보해야 한다는 인식이 있으면서 자리를 비켜주지 않는 것과 몰라서 비켜주지 않는 경우를 예로 들어보자. 알면서 자리를 비켜주지 않는 학생은 그 시간이 편할 리가 없다. 할아버지가 빨리 옆으로 갔으면 좋겠다는 생각과 함께 자는 척도 해보고 못 본 척하려고 노력을 할 것이다. 하지만 이 친구는 다음에 버스를 탔을 때, 똑같은 상황이 온다면 불편했던 마음, 죄송했던 마음을 기억하며 자리를 양보할 확률이 있다.

하지만 몰라서 비켜주지 않는 학생의 경우, 노인을 공경하는 마음가짐을 가지기 힘들다. 그 상황에 대해 아무 생각이 없기 때문이다. 트레이너도 알지 못한다면, 배우지 않는다면 자신이 일하는 헬스장이라는 장소에서 고객을 위한 트레이닝이 나올 수 없다. 의사 선생님을 트레이닝 시켜드렸을 때 내게 자주 하시던 말씀이 있다. "오늘도 횡문근융해증 환자가 왔어요." 라는 말이었다. 횡문근융해증은 근육이 녹는 증상으로 갑작스러운 고강도운동, 오버트레이닝이 주된 원인이다. 소변이 피 색깔이나 콜라 색으로 나오기 때문에 고객은 다시 운동을 하기 힘들 만큼 정신적,

육체적 고통을 받을 수 있다. 특히나 약한 사람들, 운동을 처음 해본 사람들이 피티를 받은 후 이 같은 증상으로 찾아온다고 한다. 그런데 피티를 하는 사람들은 대부분 약하거나, 운동을 싫어하거나, 처음 해본 사람들이 많다. 트레이너를 시작한 이유를 절대 잊지 않았으면 좋겠다. 트레이너가 배우고 배울수록 고객은 웃을 날이 많다. 고객이 나를 선택한 이유를 늘 생각했으면 좋겠다.

의사라고 하면 대부분의 사람들은 믿고 신뢰한다. 의사가 되기 위해 준비했던 시간과 노력들을 알고 인정하기 때문이다. 하지만 트레이너라고 하면 몸과 운동에 대해 전문 지식을 가진 사람이라고 인정하지 않는다. 운동하는 사람들은 공부는 하지 않고 몸만 쓸 줄 아는 사람이라는 편견을 가지고 있는 사람들도 많다. 비싼 비용을 지불하며 받은 트레이닝이 좋지 않은 기억으로 남아있는 고객이 많다는 것도 한몫한다. 더 큰 문제는 수많은 트레이너가 실제로 공부를 하지 않는다는 것이다. 재활트레이닝을 공부할 때 강사분이 자주 하셨던 말씀이 떠오른다. "이 업계는 조금만 공부해도 실력 차이가 엄청 난다." 그만큼 공부를 하지 않기 때문에 조금만 노력해도 다른 트레이너와 질적으로 다를 수 있다는 뜻이다.

헤어 디자이너도 취직을 하면 바로 가위를 잡지 못한다. 적게는 2년 또는 3년이라는 시간 동안 고객님들에게 최선을 다해 샴푸를 하고, 보조역할을 하는 스태프 기간이 주어진다. 놀라웠던 사실은 자격증이 많다 해서 스태프 기간이 줄어들지 않는다는 점이었다. 가위를 잡고 있는 디자이너들이 갑자기 더 멋있어 보였다. 트레이너의 경우 흔히 문턱이 낮은 직업이라고 말한다. 트레이너라는 직업을 가지기 위해 준비해야 하는 절차가 아무것도 없다는 뜻이다. 구인구직 사이트에서 매우 노골적으로 이렇게 구인한다.

"자격증 없어도 됩니다. 열정만 있으면 환영"

운동을 좋아한다는 이유만으로 하루아침에 트레이너라는 직업을 가지는 게 이 업계의 현실이며, 피티를 받던 고객이 어느날 갑자기 나도 해볼까? 하며 트레이너가 돼있다. 퍼스널 트레이닝은 트레이너가 가지고 있는 유일한 상품이다. 같은 가격, 같은 직업이라 해도 트레이닝의 질은 하늘과 땅 차이다. 결국 나의 성장이 고객을 변화시킬 수 있는 유일한 길이다.

나도 공부를 제대로 하지 않고 운동경험만 가지고 트레이너가 된 케이스다. 그럼에도 불구하고 허리가 좋지 못한 사람들을 운동시켰더니 '이제 허리가 아프지 않아서 좋아요.'라고 말씀해주시는 고객이 있었고, 무릎이 아팠던 사람이 '이제 무릎이 아프지 않아요!'라고 말씀해주시는 고객도 있었다. 그건 내 실력이 아니라 운 좋게 얻어걸린 트레이닝 결과였을 뿐이다. 지금은 운이 좋았던 그 과거들이 감사하고 또 부끄러울 뿐이다. 원인을 볼

줄 알아야 결과를 만들 수 있다. 원인은 배움 속에서 찾을 수 있게 된다.

배움이 멈춘 트레이너는 어제도, 오늘도 똑같은 트레이닝만 할 수밖에 없다. 공부를 하지 않으면 체력을 증가시키러 온 고객님에게 하는 관리방법과 다이어트를 하러 오신 분에게 하는 관리하는 방법이 기계처럼 똑같을 수밖에 없다. 매일매일 똑같은 피티를 진행한다면, 고객도 지치고 트레이너도 지칠 수밖에 없다. 기계같이 반복된 움직임에 흥미가 있을 리 없다. 이왕 하는 거 고객도, 트레이너도 함께 즐길 수 있으면 좋겠다. 나한테 피티를 받지 않으면 손해라는 생각이 들 수 있을 만큼 공부하고, 지식을 쌓고, 그 지식을 내 것으로 만들어라.

함께하는 마음

자취생활 6년 차가 됐다. 처음에는 혼자 살던 고시텔이 자유롭게 느껴져서 좋았지만 시간이 지날수록 외롭다는 생각이 들었다. '어쩌면 외로움이라는 건 언제나 함께 있는 게 아닐까?'라는 생각이 들기도 한다. 행복해도 그게 행복인 것을 느끼지 못하고 살아갈 때가 있는 것처럼, 외로움도 익숙함에 가려 잊혔다가 다시 떠오르곤 한다. 많은 사람들이 외롭다는 말을 달고 살고, 심심함을 달래보고자 핸드폰을 만지작거린다. 친구들을 만나 수다를 떨때는 좋지만 터벅터벅 혼자 걸어 집으로 들어오는 길은 또 외롭기만 하다. 트레이너라는 직업의 장점 중 하나는 바로 '사람을 만나는 직업'이라는 것이다.

지인 중 가족이 막창집을 오픈하게 되면서 식당관리자로 직업을 바꾼 트레이너가 한 명 있다. 그 친구와 가끔 만나면 다시 트레이너를 하고 싶다고 말한다. 트레이너를 할 때는 판사가 와도, 의사가 와도, 대기업 회장이 와도, 선생님이라고 불러주며 서로 존중해주었는데, 식당에서 손님들은 툭하면 소리치고 하대를

하는 경우도 다반사라고 한다. 한국에서 '선생님'이라고 부르는
건 상대방을 존중한다는 뜻이다. 트레이너라는 직업의 장점을 다
시 말하자면 '서로 존중하는 관계로 사람을 만나는 직업'이다.

　　서로 간의 예의를 지키는 관계는 많은 것을 배울 수 있게 한
다. 돈을 받고 가르치는 입장이면서도 가끔은 내가 더 많이 배우
고 있다는 느낌이 들 때가 있다. 내 나이 서른하나밖에 되지 않았
지만, 사무직의 인생, 의사의 인생, 기업을 운영하는 대표의 인생,
취업준비생의 인생, 유부남의 인생 등등 많은 인생을 살아본 기
분이 든다. 트레이닝을 하는 50분 동안 운동만 시키는 게 아니다.
서로의 인생을 공유하고 일상을 나눈다. 그러면서 고객과 트레이
너의 관계는 조금씩 가까워진다.
　　회사를 운영하는 사람들이라면 어떤 사명으로 회사를 운영
하고 계신지, 어떻게 직원들을 대하는지 등 수많은 이야기를 들
으며 간접경험을 쌓을 수 있다. 내가 겪는 문제들을 물어 고민
을 해결하거나 도움을 받는 경우도 많다. 의사, 간호사 고객님들
을 통해 요즘 사람들이 얼마나 운동을 하지 않는지, 운동부족으
로 어떤 문제가 있는지 등 상상 이상으로 많은 정보도 얻는다. 출
산한 산모들도 많이 만나다 보니 어린아이에 대한 엄마의 마음도
알게 되고, 아기를 키우는 엄마들의 이야기에 공감해드리면서 많
은 대화도 나눈다. 그러면서 미래에 한 여자의 남편으로서 사랑
받을 수 있겠다는 자신감도 생긴다.

같은 나이의 또래들이 회사에서 겪게 되는 고충도 경험할 수 있다. 직장인들의 고충은 다들 비슷하다. 직장 상사에 대한 고충, 야근에 대한 고충, 업무에 대한 고충 등 누구나 사연 없는 사람은 없고, 고민 없는 사람도 없는 것만 같다. 고객들과 함께 얼굴을 보는 시간이 쌓이면 쌓일수록 속에 있는 말들을 꺼내시며 마음을 연다. 공황장애, 우울증은 속마음을 표출하지 않고 속으로만 담아두고 있는 게 가장 큰 원인이라고 한다. 단지 얘기만 해도 맺혀있던 응어리가 풀리고, 특히 여자들은 수다를 떨 때 스트레스가 풀린다는 말을 자주 듣는데 나는 그 말에 100% 공감한다. 운동을 하면서도 스트레스를 풀지만, 속에 맺혀있는 말들을 트레이너에게 뱉어내다 보니 또 스트레스가 풀린다고 말씀하신다. 나와 함께 있는 시간이 누군가에게는 스트레스가 풀리는 시간이라면 이보다 값진 시간, 의미 있는 시간이 어디 있겠는가?

그냥 들어줬을 뿐이고, 듣고 있었을 뿐인데 고객들은 스트레스가 팍팍 풀렸다며 감사하다는 연락도 해주시곤 한다. 이쯤 되면 고객님들과의 관계가 학창 시절 함께했던 친구보다 더 의리 있는 관계, 즉 신뢰관계가 형성된다. 직장에서 쌓인 스트레스를 같은 직장 사람들에게 풀면, 얘기할 때야 속 시원할지라도 한편으로는 걱정이 된다. 말이 돌고 돌아 전 직장 동료들이 알게 될까 두렵기 때문이다. 하지만 트레이너와 고객 간의 관계는 비밀보장 100%다. 그래서 고객들도 마음을 열고 다가오시는 것 같다. 운동을 하게 되면 땀을 흘리며 잡생각이 들지 않아 스트레스가 풀린다. 거기에 트레이너까지 자기편이라는 생각이 들면 효과는 배로 나타나게 된다. '트레이너를 만나면 스트레스가 풀리네.'라는 생각이 들면 운동이 좋아질 수밖에 없다.

결혼한 지 2년이 된 친누나는 세상에서 매형이 제일 좋다고 한다. 이유를 물어보니 세상에 내 편이 있다는 게 가장 큰 행복이라고 말했다. 자신의 말에 공감해주고, 믿어주는 내 편이 있다는 것, 그런 사람과 함께한다는 것이 행복의 전부다. 한 사람은 누군가를 행복하게 만들어줄 능력이 있다.

6개월 전 인연이 된 고객 한 분이 있으시다. 피티를 등록하고 1주일 뒤에 첫 수업을 하기로 시간 약속을 잡았다. 운동 3일 전 마음의 준비가 되셨냐고 연락을 넣었더니, 피티 받는 꿈까지 꿨다고 하신다. 막상 결제는 했지만, 잘할 수 있을지 모르겠다며 떨리고 걱정된다고 하신다. 아니나 다를까 첫 수업을 위해 방문하셨을 때 누가 봐도 불안한 얼굴로 몸은 얼음처럼 얼어붙은 상태로 문을 열고 들어오셨다. 가볍게 체력 테스트를 먼저 했다. 50분간 수업을 진행하면서 잘하고 있다고 말씀드리고, 운동신경이 좋은 편이라고 말씀드리고, 있는 그대로 보이는 그대로 말씀드리며 격려했다. 그날 연락이 왔다. 너무 걱정됐는데, 잘한다고 해주시니까 힘이 난다는 말씀이었다. 앞으로도 잘할 수 있을 것 같다고 말씀하셨다.

20번의 수업을 진행하며 그 고객님은 몰라보게 변하기 시작했다. 혼자 나와서 유산소운동도 하시고, 식단관리도 스트레스 없이 잘해내며 관리하는 습관이 자리 잡아갔다. 20번의 수업이 끝났을 때 30번의 추가 등록을 해주셨고, 트레이닝 자필 후기도 작성해주셨다. 후기에는 "처음에 뭐 때문에 그렇게 걱정했는지 모르겠다."고 적혀있었다. 그리고 "혼자 하는 게 아니라 함께하고 있다는 게 느껴져서 더 믿음을 가질 수 있었다."고 적혀있었다.

여기서 말하고 싶은 건 고객을 믿어주는 트레이너 한 사람의 역할이다. 사람들은 자기가 운동을 잘하는 사람인지, 못하는 사람인지도 모르는 경우가 많다. 하다 보면 당연히 잘하게 될 거라는 사실도 모르고 있다. 그 잠재된 능력을 끌어내는 건 오직 트레이너의 역할이다. '할 수 있어, 잘될 거야, 잘한다.'라는 긍정의 말은 상상을 초월하는 힘이 있다. 칭찬은 잠재능력을 100% 이상 끌어낼 수 있는 수단이다. 물론 사실만 가지고 얘기해야 한다. 자신감 있게 움직일 때와 조심스럽게 움직일 때, 그리고 불안해할 때의 움직임은 차원이 다르다.

우리는 어떤 이유에서인지 "하지 마", "그건 안 돼", "하지 말라고 했지", "내가 안 된다고 했잖아." 등등 어릴 때부터 부정적인 말을 많이 듣고 산다. 하지만 트레이너는 고객에게 이런 부정적인 말과 지적은 절대로 하면 안 된다. 운동 자세가 나오지 않는 사람에게 못하는 걸 지적하고, 다른 사람들은 잘한다며 비교하는 순간 고객의 자신감은 계속해서 떨어질 뿐이다. 안 그래도 싫은 운동이 더 싫어지게 된다. 운동자세가 나오지 않는다는 건 현재 수준보다 높은 운동을 시켰다는 뜻이고, 따라오지 못한다면 강도에 문제가 있다는 뜻이다. 운동습관을 잡을 수 있게 도와주지 못했다는 건 그 사람의 하루를 들여다보지 못했다는 뜻이다. 뭐가 됐든 문제의 원인을 고객이 아닌 지도방법에서 찾길 바란다. 물론 20만큼의 노력을 하고 100의 효과를 기대하는 사람들도 있다. 그런 고객에게도 100이라는 효과를 얻을 수 있게 한 단계씩 한 단계씩 잘 이끌어야 한다.

목소리를 크게 낸다고 고객이 따라오는 게 아니다. 수많은 트레이너와 같이 생활해봤지만 고객을 혼내는 트레이너는 어딜 가든 꼭 있는 것 같다. 고객이 좋은 결과를 얻었으면 하는 마음은 이해할 수는 있지만 표현 방식은 가장 형편없는 수단이다. 예를 들어 아이가 설거지를 하려고 하는데 엄마가 하지 말라고 말렸다고 치자. 근데 아이는 엄마를 도와주고 싶은 마음에 꿋꿋이 설거지를 했고 집안에 쨍그랑 소리가 울려 퍼졌다. 엄마들은 아이가 다쳤을까 봐 걱정되는 마음에 "야! 내가 하지 말라고 했지!"라고 크게 소리친다. 그러면 아이는 '설거지를 하면 엄마가 화를 내는구나.'라고 생각하게 될 것이다. 엄마의 마음은 그게 아니지 않은가?

고객이 운동을 잘하지 못하면 선생님이 화를 낸다고 인지한다면? 먹고 싶었던 음식을 먹는 중에 담당 트레이너 얼굴이 떠오르고 화를 낼 거라는 생각을 하게 된다면? 당신이 스트레스의 원인이다. 내가 고객이어도 그런 사람한테 비싼 돈을 지불해가며 운동을 배우고 싶지 않을 것이다. 재등록 확률은 0% 확정이다. 솔직한 마음으로 고객님과 대화하길 바란다. 고객님이 많이 변했으면 좋겠다는 진심을 말하고, 피티 수업이 아닌 날 러닝머신을 하고 있는 뒷모습을 보면서 너무 기뻤다고 말하고, 앞으로가 더 기대된다고 말하고, 확실한 건 이번 달 모습과 다음 달 모습은 분명 다를 거라고 말하고, 맛있는 음식을 먹을 때는 스트레스 받지 말고 기분 좋게 먹으라고 말하라.

고객님이 지금껏 했던 노력이 하루 이틀 살찌는 음식을 먹었다고 해서 무너지는 노력이 아니라고, 먹는 행복, 관리하는 행복 둘 다 잡았으면 좋겠다고 말하라. 그리고 고객의 변화를 고객보다 더 기뻐하라.

고객은 자신을 믿어준 사람에게 분명 보답할 것이다. 고객의 성과가 자신만의 것이 아니라는 걸 느끼게 해라. 같이하는 거다. 함께하는 거다. 그게 진정 고객을 대하는 자세다.

직업에 보람이 있다

울산에서 처음 피티를 진행했을 때 12회에 40만 원의 비용을 받았었다. 그저 고객보다 운동경험이 많다는 것, 그리고 자격증 하나 취득했다는 것뿐인데, 내 몸값이 그 정도라고는 스스로 납득이 되지 않았다. 그 이상의 가치를 고객에게 돌려주고 싶었는데 어떻게 해야 할지 몰랐다. 너무 쉽게 돈을 버는 것 같기도 했고, 이런 생각 때문에 인생 첫 고객님께 미안한 마음이 들었다. 실력 있는 트레이너였다면 1시간에 10만 원도 아깝지 않겠지만 당시 내 수준은 너무도 낮았다. 첫 번째 고객님은 미용실을 운영하는 분이었다. 운동을 처음 해보시는 분이었기 때문에 스쿼트 하나를 할 때도 골반과 무릎관절이 좌우로 흔들거렸다. 기구운동도 하고 여러 근력운동도 했더니 점점 근력이 생겼고 중량을 들고 스쿼트를 할 정도로 좋아지기 시작했다. 고객님은 체성분 측정으로 근육량이 늘었을 때, 운동 수행능력이 좋아지고 있는 것을 느낄 때마다 폴짝폴짝 뛰며 웃으셨다. 고객님이 기뻐하는 것을 보고 있으면 참 보람되고 기뻤지만 이것만으로 1시간에 4만 원 이상의 가치를 하고 있다고는 생각되지 않았다. 계속 무언가가 부족한 느낌이었다.

고민 끝에 내가 할 수 있었던 것은 기브 앤 테이크였다. 받은 것보다 더 돌려드려야 한다고 생각됐다. 식단관리를 어려워하시는 걸 보고 즐겨 먹던 부드러운 닭 가슴살을 주문해서 선물해 드리고, 아버지가 이발사임에도 불구하고 고객님의 미용실로 찾아갔다. 내 생애 처음으로 파마를 해본 날이다. 이 방법이 내가 받은 비용에 맞게 돌려주는 것이라는 생각이 들어 마음이 편했다.

고객님이 재등록을 하시면서 만나는 횟수가 점점 늘어가기 시작했다. 운동을 해야 하는 이유에 대해서, 운동의 필요성에 대해서 하면 할수록 더 느끼고 계시는 듯했다. 운동하면 더 피곤할 줄 알았는데 오히려 피로가 줄고 있다고 하셨고, 활력이 생기면서 하루가 상쾌하다고 하셨다. 그러면서 트레이너는 정말 비전 있는 직업이라며 열심히 해서 좋은 트레이너로 성공했으면 좋겠다고 응원해주셨다.

고객이 내는 비용 이상으로 그만한 가치를 돌려드리고 있다고 생각되기까지는 많은 시간이 걸렸던 것 같다. 부족한 트레이너를 선택해준 것에 감사하고 미안한 마음으로 선물을 드리면 오히려 더 많은 선물이 내 손에 들어왔다. 트레이너는 한 사람의 인생을 바꿀 수 있는 좋은 직업이었다. 고객은 자신이 운동을 하고 있다는 것 자체로 감사함을 느꼈고, 진심으로 변했으면 하는 트레이너의 마음을 느낄 때는 감동을 하셨다.

단순히 살을 빼야겠다는 마음가짐, 운동을 해야 한다는 생각만으로는 아무것도 바뀌지 않는다. 오직 습관을 만드는 것만이 변화를 만들어낸다. 물론 운동을 해야겠다는 생각이 들어 헬스장을 찾아오고 트레이너를 선택했다는 것만으로도 큰 변화이고 용기이다. 문제는 그다음이다. 트레이너의 힘은 여기서 발휘된다. 사람은 36.5도라는 체온을 늘 유지하는 것처럼 항상 같은 몸무게를 유지하려는 성질, 즉 살아왔던 방식대로 살아가려는 관성의 법칙을 가지고 있다. 운동을 시작한 사람은 당연히 운동을 하지 않던 예전 삶으로 돌아가려고 한다. 그래서 고객 자신도 운동을 꾸준히 할 수 있을지에 대한 자기 믿음이 없는 상태로 운동을 시작한다. 이런 분들에게 관리하는 습관을 만드는 것이 가장 큰 가치다. 사람이 운동습관이 생기면 달라진 하루를 살게 되고, 거기에 비포애프터가 따라오게 돼있다. 습관은 평생을 보상받는 가치다.

다이어트를 했던 한 분이 있으시다. 그분은 고도비만이었고, 표정도 없이 살아가는 분이었다. 운동을 해야 된다, 변해야 되겠다는 생각을 넘어 제 발로 헬스장을 찾아와서 피티를 등록하는 것 자체가 그분에게 엄청난 용기였다. 여기서 담당 트레이너인 내가 제대로 하지 않는다면 운동이 없던 삶으로 다시 되돌아가게 될 것이고, 서로 잘 맞춰간다면 지금과 다른 삶을 살게 될 것이었다. 운동을 할 때도 기분이 좋아 보이지는 않았다. 힘들어도 참고 억지로 하는 것만 느껴졌을 뿐이다. 자존감도 많이 떨어져 있는 상태였고, 옆 사람이 어떻게 저렇게까지 살이 쪘을까라는 시선으로 쳐다보는 것 같은 기분이 든다고 하셨다. 자신감 자체를 찾아볼 수 없었다. 카카오톡 프로필에도 자신의 모습은 없는 분이셨다.

　피티를 시작했다고 직장동료한테 얘기했는데, 3주쯤 지났을 때 왜 이렇게 살이 빠지지 않느냐면서 운동하는 거 이상으로 먹고 있는 거 아니냐며 비아냥거렸다는 얘기도 해주셨다. 우울해 보이고 힘들어 보였다. 일주일에 주 3회 이상을 나오면서 열심히 식단관리를 하고 계셨는데, 괜히 그런 말 때문에 스트레스를 받아 내려놓게 되는 건 아닐지, 폭식을 하게 되는 건 아닐지 걱정이 됐다. 열심히 노력하는 사람에게 응원은 못 해줄망정 그런 말을 했던 동료한테 화도 났다. 상심한 고객님께 인체 시스템에 대해서 설명해드렸다. 사람이 변화되는 속도는 모두 다르다. 시작하자마자 변화가 나타나는 사람이 있는가 하면, 지방을 저장하려는 성질이 강해져서 체중이 빠질 생각조차 하지 않는 분들도 있다. 다이어트는 칼로리 문제로 접근하는 방법도 있겠지만, 우리 몸의 시스템을 이해하는 게 더 중요하다. 단순히 적게 먹었다 해서, 또는 많이 움직였다 해서 살이 빠지는 것은 아니라는 뜻이다. 하루 2,500칼로리씩 먹던 사람이 갑자기 다이어트를 하겠다며 1,500칼로리로 줄였다고 치자. 수학적으로 계산한다면 2,500칼로리를 챙겨 먹던 사람이 1,500칼로리만 먹게 됐으니 하루마다 1,000칼로리가 빠질 거라고 생각하는데 그건 착각이다.

　우리 몸은 생명을 유지하는 것이 무엇보다 제1순위다. 그래서 2,500칼로리씩 먹던 사람이 갑자기 1,500칼로리만 먹고 운동까지 하면서 소비되는 칼로리를 증가시켜 버리면 우리 몸은 비상사태로 받아들인다. 생명 유지에 문제가 생기겠다 싶으면 비상등을 켠다는 뜻이다. 즉 "지방을 저장해 에너지를 축적시키고 밖으로 빠져나가지 않게 지키라."는 명령이 떨어지게 된다. 근육운동을 한다고 갑자기 근육이 만들어지는 게 아니다. 근육은 기초대사량을 증가시키기 때문에 근육을 만들면 소비 칼로리가 높아지고 몸은 더욱 비상사태가 된다. 따라서 근력운동을 하게 되면 또다시 명령이 떨어진다. "근육을 버려라! 근육을 만들면 칼로리 소비가 증가돼서 몸을 지킬 수 없다!"

따라서 관리가 없던 사람이 갑자기 식습관을 바꾸고 근력운동을 하게 되면, 생각과는 다르게 지방이 오히려 늘고 근육이 확 줄어드는 증상도 많이 나타난다. 이 증상을 운동 '적응기'라고 하며 보통 1~3개월 내로 끝나게 된다. 적응기가 끝나면 운동을 스트레스가 아닌 진짜 운동으로 받아들이며 지방이 빠지고 근육량도 늘어나는 '변화기' 상태로 진행된다. 식욕억제제, 굶는 다이어트, 호르몬을 건드리는 약물 다이어트 등등을 오래 했던 사람은 몸이 에너지를 저장할 때와 소비할 때를 잘 구분하지 못해 더 오래 걸리는 경우도 있다. 다이어트 약물 중 호르몬제의 경우에는 신진대사에 문제가 생길 수도 있다. 건강한 외적 변화는 내적 변화를 수반한 이후에 나타난다.

다행히도 고객님은 이 말을 이해하고 믿어주셨고, 변하겠다는 확고한 의지를 보여주셨다. 주 3회 이상 운동을 나오는 습관과 새로운 식습관이 생겼다. 어느덧 주 4회 이상 헬스장에 나와 운동하는 것이 당연해졌고, 자연스럽게 운동 적응기가 끝나고 변화기로 들어섰다는 게 눈에 보이기 시작했다. 식단관리는 직접 요리를 해서 5대 영양소에서 빠지는 것 하나 없이 도시락을 챙겨 출근하셨다. 가지를 굴소스에 볶으면 간단하지만 고급스러운 맛이 난다며 레시피 공유도 해주는 사이가 됐다. 서로 별 얘기 없이 운동에만 집중하던 분이었는데, 변하는 체중처럼 표정에도, 대화에도 많은 변화가 생겼다.

늘 펑퍼짐한 옷을 입고 다니시던 분이 원피스를 입고 센터에 오기 시작했고, 예쁘게 화장도 하며 자신을 꾸며가는 모습을 보여주셨다. 같이 일하던 트레이너가 그때 그분이 맞느냐며 놀랍다고 감탄했다. 내심 뿌듯했다. 카카오톡 프로필 사진은 자신의 모습으로 채워지기 시작했고, 60번의 수업으로 고도비만에서 정상체중이 됐다. 근 손실 0.3kg, 체지방 20.3kg 감량, 체지방률 43.5%에서 26%가 됐다.

그때 느꼈던 보람은 아직도 잊히지 않는다. 자신을 사랑하는 사람, 인생에 '나'라는 주인공이 포함된 삶을 사는 게 보기 좋았다. 시간이 흘러 오랜만에 연락이 왔다. 안부 인사와 함께 자신은 아직도 헬스를 하고 있다는 연락이었다. 58킬로그램까지 감량을 했다가 뼈가 커서 그런지 자신에게 별로 안 어울리는 것 같아 63~65킬로그램을 유지하고 있다고 하셨다. 하다 보니 취미처럼 헬스 자체가 재밌어진 것 같다는 말씀도 해주셨다. 트레이닝 스타일도 자신과 잘 맞았던 것 같다며 감사하다는 말까지 해주셨는데, 이 카톡 내용을 아직도 보관하고 있다. 절대 잊을 수 없는 감동의 순간이었다. 트레이너라면 이 정도 마음가짐은 꼭 있었으면 좋겠다. "피티 계약이 끝났다고 해서 고객이 자기관리를 끝낸다면 트레이너를 만난 이유가 없다."고 말이다. 피티 받을 때만 잠깐 변했다가, 다시 과거로 돌아간다면 무슨 의미가 있냐는 뜻이다.

나를 만나서 운동을 시작했던 사람이 1년, 5년, 10년 뒤에도 여전히 관리를 지속하고 있다면? 얼마나 뿌듯할지 생각해보라. 아마 그분은 당신을 선택한 것을 인생 최고의 선택으로 생각하고 있을 것이다. 누군가에게 절대 잊히지 않는 한 사람으로 남을 것이다. 고객의 변화는 고객감동으로 이어지면서 트레이너에게도 데이터가 쌓이는 윈윈 시스템이 된다. 누군가를 건강하게 살 수 있도록 도와주고, 활력을 주면서 돈까지 버는 직업, 이보다 값진 직업이 어디 있을까 싶다. 다시 말하지만 트레이너는 한 사람의 인생을 바꿀 수 있는 좋은 직업이다.

어떻게 시작하는가

PART 3

현장에서 배워라

취업이 하늘의 별 따기라고 한다. 죽어라 공부하는 환경을 만들기 위해 숙식이 제공되는 절을 알아보는 친구도 있고, 잘 가르친다는 학원을 다니기 위해 상경해서 고시텔을 잡고 생활하는 친구도 있다. 인생의 목표가 취업인 것처럼 또래 친구들은 죽기 살기로 살아가고 있다.

오랜만에 친구와 약속을 잡고 술 한잔 걸치며 얘기를 나눌 때였다. 불어과를 나온 친구는 요즘 중국어를 배운다고 했다. 취준생 대부분이 중국어를 배우고 있어서 가만있을 수가 없다고 했다. 승무원이 꿈이었던 친구인데 지금은 어떤 기업이든 가리지 않고 면접을 보고 있다고 했다. 그러면서 최근에 승무원 면접을 봤던 에피소드를 얘기해준다. 면접관은 인적사항에 불어과를 나온 것을 확인하고 외국인에게 한국 전통 비빔밥을 불어로 설명해보라고 했다고 한다. 하지만 중국어를 배웠던 친구는 불어를 잊고 중국어를 기억하고 있었다. 웃으며 얘기하는 친구의 얼굴은 근심이 가득했다. 2시간쯤 대화를 나누고 친구는 공부를 하러 카페로 간다고 했다. 술에 취해서도 미래를 위해 공부에 매달렸다. 어렵게 준비해서 취업이라는 성취를 얻었을 때 얼마나 애사심을 가지고 일하게 될지 궁금해졌다.

트레이너라는 직업의 장점은 마음의 준비만 된다면? 쉽게 시작할 수 있다는 것이다. 만약 원했던 일이라면? 즐겁게 일하는 게 어떤 것인지 알게 될 것이다. 대형센터에서 일할 때였다. 법학과를 나와 판검사를 준비하던 여자분이 헬스장 안내 데스크로 아르바이트를 하러 왔다. 공부할 시간도 없을 텐데 생계를 위해 이렇게 열심히 사는구나 싶어 짠하기도 했다. 공부하면서 힘든 얘기도 들으며 친해지기 시작했을 때 속 얘기를 들려주었다. 사실 부모님은 판검사에 계속 도전하기를 원하시지만 자신은 트레이너가 되고 싶다는 말이었다. 트레이너 업계가 어떨지 궁금해서 시장조사 차원에서 들어온 것이라 했다. 당시 센터에서 같이 일하고 있던 10명의 트레이너들은 대부분 자격증도 없었고, 그저 자신이 운동을 했던 경험만으로 트레이너가 된 분들이었다. 심지어 원하던 일이 아닌 경우도 많았다. 그냥 '할 것도 없는데 트레이너나 한번 해볼까?'라는 생각으로 시작한 것이다. 그렇게 트레이너라는 직업을 우습게 생각하고 일하는 사람들과 다르게 트레이너라는 직업 자체를 존중하고 있다는 기분이 들어 이런 사람이 트레이너가 되면 좋겠다는 생각이 들었다. 지금껏 공부했던 것과는 전혀 다른 분야지만 운동을 하다 보니 재미도 있고, 몸에 대해 공부하는 것도 신기하고 즐거웠다고 했다. 지긋지긋한 공부가 아닌 재미있는 공부를 하며 하고 싶은 일을 위해 시간을 쏟고 싶다고 했다. 트레이너 업계가 어떠냐고 물어봤을 때 여자 트레이너의 장점에 대해 다 말해주었다.

서울로 올라와서 처음 트레이너를 시작했던 피티 숍에서 월 30만 원을 받았을 때, 프리랜서 여자 선생님 한 분이 있으셨다. 5명의 남자 트레이너들의 고객을 다 합친 것보다 고객이 많아 보였다. 다른 트레이너들은 다들 30만 원씩 겨우 벌어가며 생활하고 있을 때 그 여자 트레이너만 고객이 많았다. 이유는 여자 선생님을 찾는 고객이 많았기 때문이다. 실력, 경력 등은 묻지도 따지지도 않고 그저 '여자 선생님한테 관리받게 해주세요.'라고 말하며 찾아오는 여성 고객들이 의외로 많았다. 40대 트레이너였음에도 30대보다 몸매 관리가 잘돼 있었고, 누가 봐도 트레이너다 싶을 정도로 프로페셔널한 분위기가 풍기는 분이었다. 내가 상담을 해서 피티를 등록시켰지만, 여자 선생님을 원한다는 이유로 그 선생님에게 피티를 받게 한 경우도 있었다.

직접 보고, 느낀 내용을 트레이너 꿈나무에게 전해주면서 희망과 용기를 주려고 했다. 다른 트레이너들에게는 왜 트레이너를 하려고 하느냐며 핀잔만 들어서 힘이 빠지던 찰나였다고 했다. 그분은 결국 오전 트레이너가 갑자기 퇴사를 하는 바람에 그 빈자리에 점장님의 권유로 트레이너를 시작하게 됐다. 갑자기 트레이너라는 이름으로 출근하게 된 상황에 당황하는 기색이 있었지만 내심 기뻐하는 게 보였다. 매일 현장에 함께 있는 트레이너들에게 묻고 물어 트레이닝 스킬과 스트레칭, 뭉친 근육을 풀어주는 스킬 등등을 배워갔고 자기 것으로 흡수하기 시작했다. 처음 오는 헬스장 회원들에게 운동을 가르쳐주고, 같이 1:1로 트레이닝을 받아보자며 자신 있게 피티 등록을 권하고, 시간이 갈수록 여유 있는 트레이너로 자리 잡아가기 시작했다. 주말이면 교육에도 참석하고, 열심히 배운 것을 고객들에게 접목시켜 가면서 괜찮은 트레이너로 성장해갔다. 직접 고객을 가르치며 자신의 부족함을 체크하고, 현장에 있는 선배 트레이너에게 배웠다. 세미나부터 독서까지 배움의 연속이었다. 항상 트레이닝 관련 책을 들고 있던 모습이 아직도 생생하다. 진실로 원했던 일이기에 빠르게 성장했다고 믿는다.

트레이너가 되고 싶어 하던 사람을 한 명 더 말해주고 싶다. 신도림에서 직접 운영하고 있는 피투사(FIT U.S.A) 피티 전문센터에 2018년 7월, 신입 트레이너로 입사한 선생님이다. 트레이너가 되기까지의 이야기를 들어보니 얼마나 간절히 트레이너가 되고 싶었는지 알 수 있었다. 운동을 좋아했고 트레이너가 되고 싶었지만, '이 몸으로 트레이너를 할 수 있을까?'라는 생각이 늘 발목을 붙잡았다고 했다. 누군가를 가르친다는 것도 부담스러웠다고 했다. 무작정 트레이너로 입사해서 부딪혀보자는 생각은 할 수 없는 성격이어서 자신이 허락할 때까지 준비기간이 필요했다. 꿈을 위해 웨이트트레이닝을 매일 하기 시작했고, 우선 헬스장 FC부서로 취업을 했다. FC부서라고 하면 헬스장으로 회원들이 방문하면 상담을 도와주고, 시설 이용가격을 설명하는 등의 업무를 하는 영업부서였다. 전화가 오면 친절하게 통화를 하고, 발신자번호 표시가 된 것들은 장부에 적어 광고 문자를 보내거나 주기적으로 전화를 걸어 센터로 방문을 유도하는 것도 업무 중 하나였다. 대형센터에 취직을 해서 수많은 트레이너를 볼 수 있었다. 고객을 위하는 진정성 있는 트레이너가 있는가 하면, 고객을 돈으로 보고 매출을 위한 수단으로서만 생각하는 트레이너도 볼 수 있었다. 트레이너들과 친해지면서 운동을 깊게 배워가기 시작했고, 점차 좋은 트레이너와 나쁜 트레이너를 구분할 수 있는 눈이 생겼다. 여기서 좋은 트레이너라 하면 나도 저 선생님에게 피티를 받고 싶다는 생각이 드는 사람이었고, 나쁜 트레이너라 하면 피티를 받고 있는 고객이 불쌍해 보이는 경우였다. 그렇게 때가 되면 FC부서에서 트레이너로 전환해야겠다는 생각을 하며 열심히 헬스장으로 출퇴근을 했다고 한다.

그러나 사람은 적응의 동물이다. 헬스장 영업부서에 몸담고 있던 것이 적응이 돼버렸다. 어느덧 3년이 흐른 것이다. 잠시 꿈을 잊고 하루하루를 보내다가 영업부서에서 지치고 지쳐 퇴사를 한 후 내가 운영하고 있던 피투사를 만나게 됐다. 함께 일하고 있던 남자 선생님의 지인이었기 때문에 곧바로 믿고 취업을 시

컸다. 그 선생님이 하루빨리 프로페셔널한 트레이너로 자리 잡길 바라는 마음으로 고객응대법부터 상담 스킬 등등 모든 것을 가르쳐드렸다. 당연히 처음에는 버벅거리면서 고객이 하는 질문에 답을 잘 하지 못했고, 상황을 피하기 위해 둘러대는 답변을 하기 일쑤였다. 과거 나의 모습을 보는 것 같았다. 하지만 2개월 정도의 시간이 흘렀을 때 누가 봐도 신입이라는 말이 무색할 만큼 고객을 만족시킬 줄 아는 트레이너로 성장했다.

나는 그 선생님을 보면서 3년이라는 시간이 멋있기도 했고 아깝기도 했다. 트레이너가 되기 전에 대형헬스장 영업부서로 취직해서 많은 트레이너들을 보고, 듣고, 배우며 몸을 관리했던 시간은 멋진 시간이었지만, 언제까지 FC생활을 해야 할지에 대한 기간설정이 없어서 점점 꿈과 멀어지는 삶을 산 시간은 아까웠다. 어느 정도 헬스장의 문화를 파악했을 때 조금 더 빨리 트레이너가 됐으면 어땠을까 하는 생각이 든다. 현장에서 직접 부딪혔을 때 배우는 것이 훨씬 더 많다. 고객을 가르쳐봐야 고객을 위해 필요한 공부가 무엇인지 느끼게 되고, 궁금할 때 물어볼 수 있는 선배 트레이너가 옆에 있으니 안심도 된다. 사람은 가르칠 때 성장한다는 말이 있다. 가르치기 위해서 그만큼 많은 준비를 하기 때문이다. 그 선생님은 늦게 시작한 만큼 열정적으로 배우고 움직인다.

자동차를 잘 파는 영업사원이 되고 싶으면 자동차 판매왕인 선배님 옆에서 배우면서 자동차에 대해 공부하는 것이 빠른

길인 것처럼 당연히 좋은 트레이너가 되고 싶으면 좋은 트레이너가 있는 곳으로 가야 한다. 꼭 피티를 받으라는 것이 아니다. 헬스장 FC부서가 됐든, 안내 데스크 아르바이트가 됐든, 많은 사람들을 부담 없이 가르칠 수 있는 퍼블릭 트레이너가 됐든, 헬스장이라는 현장에서 볼 것을 권한다. 헬스장에 등록하고 개인 운동을 하며 트레이너를 관찰하는 것도 좋다. 어디 헬스장을 가든 숨겨진 고수 같은 트레이너가 있을 것이고, 저런 트레이너는 되지 말아야지 싶은 트레이너도 있을 것이다. 현장을 눈으로 보고 겪다 보면 고객의 입장에서 생각할 수 있는 눈이 생긴다.

고객을 가르치다 보면 고객을 위하는 마음이 저절로 생긴다. 집에서 운동 서적만 보고 앉아 있으면 배워야 할 이유를 모르는 것들이 분명히 존재한다. 허리가 아픈 사람을 가르치다 보면 '이런 사람들은 어떻게 운동시켜야 허리가 괜찮아질까?'라는 생각이 들고 공부를 하게 된다. 다이어트가 잘 되지 않는 사람에게 만족할 만한 몸매를 가질 수 있길 바라는 마음이 생기면 당연히 고객에게 하나라도 더 신경 쓰고 움직이게 된다. 이 책을 읽고 있는 당신이 현직 트레이너일 수도 있고, 트레이너를 준비하고 있는 사람일 수도 있다. 그들 모두에게 나는 답은 트레이닝 현장에 있다고 말하고 싶다. 나도 선배 트레이너가 있어 빠르게 배울 수 있었고, 고객이 있었기에 성장했다.

02

필요에 의한 공부

2017년에 고객님 한 분으로부터 전화가 왔다. 자신의 어머니가 몸이 많이 불편하신데 트레이닝이 가능하냐는 내용이었다. 일단은 한번 뵙고 싶다고 말씀드렸고, 어머님과 따님이 같이 방문해 주셨다. 어머니는 골프도 치시고, 사람 만나는 것을 좋아하셨던 분이었는데, 갑자기 뇌출혈로 쓰러지셨고 회복을 위해 운동을 시작해보려 한다고 하셨다. 오른팔을 들어 올려보라고 하니 눈 위치까지밖에 올리지 못했고, 왼팔의 경우는 어깨 위치까지도 올리지 못했다. 완전히 움직이는 방법을 잊어버린 상태, 즉 긴장 상태로 뻣뻣하게 굳어있었다. 조금만 스트레칭으로 늘려보려고 하면 아프다고 소리를 지르고, 스스로가 통증이 있을까 봐 겁이 나서 움직이지 못하는 상황이었다. 인지능력이 떨어지다 보니 근육에 힘을 쓰는 것부터 그 어떤 동작도 불가능에 가까웠다. 스쿼트를 시키려 하면 아킬레스건 유연성이 없고, 골반관절을 사용하지 못해 상체가 앞으로 숙여지며 인사를 하는 자세가 나왔다. 허리도 당연히 잘 펴지지 않았다. 처음에는 가지고 있던 재활지식으로 스트레칭도 하고, 회전근개운동도 하며 하나씩 하나씩 순차적으로 트레이닝을 시켜갔는데, 내 트레이닝 실력으로 이 사람을 변화시키는 데 한계가 있다는 것을 깨달았다. 이 고객님을 위해 내가 할 수 있었던 일은 재활 교육을 다시 제대로 배우고 공부하는 것이었다.

과거에 지인인 트레이너로부터 재활트레이닝 교육기관을 추천받았을 때는 배우고 싶은 생각이 하나도 들지 않아서 거들떠보지도 않았었는데, 이렇게 나를 믿고 등록해주신 분이 있으니 무조건 배워야 한다는 생각뿐이었다. 얼마 후면 이 고객님과 함께한 지 2주년이 되는 날이다. 긴 시간을 지금도 함께하고 있다. 팔은 자연스럽게 만세가 가능하며 주말마다 등산도 하시고, 1시간 이상 걷기도 매일같이 하고 계신다. 사람들을 만날 때면 어쩜 그렇게 좋아졌냐는 소리를 매번 듣는다고 하신다. 스스로의 노력으로 만든 결과지만 '선생님 덕분'이라며 따뜻한 말씀을 해주실 때면 '더 배워야 한다, 배움을 멈출 수 없다.'는 생각이 확고해진다. 지금보다 더 많이 좋아질 수 있게 도와드리고 싶다.

고객이 '나를 선택한 이유'를 생각하는 트레이너라면 고객을 위한 트레이닝 방법을 고민하지 않을 수 없다고 믿는다. 나도 그렇게 고객님으로 인해 재활트레이닝 자격증이 생겼고, 여러 트레이닝 방법으로 다양하게 접근하는 스킬이 생겼다.

대형센터에 다닐 때 주말마다 스터디 모임이라는 게 있었다. 트레이너가 한 명씩 돌아가면서 자신의 강점을 다른 트레이너에게 공유하는 시간이었다. 고객만족도가 높은 선생님이 고객 관리 노하우를 공유하거나, 매출이 높은 선생님이 자신만의 세일 즈 비법을 알려주고 공유하는 식의 스터디였다. 하루는 쉬고 싶은 마음을 뒤로하고 스터디에 참석했는데 주제가 산전산후 트레이닝이었다. 단 한 번도 배워본 적 없고, 겪어보지 못한 케이스였기 때문에 감사한 마음으로 스터디에 참석했다. 미리 배워두면 분명 쓸데가 있을 거 같았다. 출산 경험을 할 수 없으니 산모의 마음을 100% 이해할 수는 없겠지만 태아를 위해, 산모를 위해 트레이닝 하는 날이 올 거라 믿었다. 산모를 위해서가 아니라 태아를 위해서 운동을 해야 한다고 말하는 것이 산모가 운동을 지속할 수 있게 동기부여 하는 데 도움이 된다는 말에 모성애에 대해 존경심을 갖게 됐다. 산모를 위한 안전한 트레이닝법을 배우면서 필기하고, 사진으로 찍었던 내용을 집에 와서 정리해 블로그에 포스팅 해뒀다. 하지만 산모를 트레이닝 할 기회는 좀처럼 없었다.

그 후 2년 정도 흘렀을 때, 피투사 센터 신도림점을 오픈하고 얼마 지나지 않아 한 분이 센터 문을 열고 들어오셨다. 출산한 지 얼마 되지 않았는데 운동이 가능한지 여쭤보셨다. 다행히 산전산후 교육을 들었던 것이 희미하게 기억이 나서 출산 전에 운동을 했는지, 언제 출산을 했는지 등등을 물어보며 고객님의 정보를 메모하기 시작했다. 고객님께서는 조심스러운 질문이 있다면서 이렇게 말씀하셨다.

"출산한 지 얼마 되지 않아서 사실 운동을 시작하는 게 겁이 나요. 트레이너 선생님을 믿고 시작해도 될는지…, 산후관리에 대해 어떤 지식과 자격이 있는지 여쭤봐도 될까요?"라는 질문이었다. 나는 블로그에 포스팅 해둔 것에 대해 큰 감사함을 느꼈다. 개인 블로그 사이트에 접속해서 2년 전 산전산후관리 교육을 받고 실습했던 내용들을 보여드렸다. 고객님은 그날 결제를 하고, 운동을 시작할 날짜를 잡으셨다. 어느 정도 휴식기가 더 필요했기 때문에 수업 날짜를 조금 뒤로 예약했다. 그리고 첫 수업이 있기 전까지 예전에 배웠던 자료들을 찾아 다시 공부하기 시작했다.

아무래도 2년 전에 배운 내용이었기 때문에 자세히 기억나지 않았다. 배운 것을 바로 접목하지 않으면 당연히 기억 속에는 흐려지기 마련이다. 검색해보니 다행히 바로 들을 수 있는 산전산후 교육이 있었다. 자격증까지 취득할 수 있는 코스였기 때문에 비용을 지불하고 등록을 했다. 고객이 나를 만날 날을 기다리고 있다는 사실만으로도 공부에 빠져들기 시작했다. 이후 안전하고 무리 없이 고객님을 트레이닝 하면서 신뢰를 얻을 수 있었다.

고객의 비포애프터는 트레이너에게 있어 가장 큰 성취감이다. 반대로 고객이 변하지 않는다면? 고객이 트레이너를 믿어주지 않는다면? 이보다 고통스러운 것은 없다.

대부분, 80% 이상의 고객이 다이어트를 원한다. 다이어트에 성공하려면 당연히 규칙적인 식습관과 운동이 필수다. 하지만 많은 사람들이 식습관을 바꾸는 것에 어려움을 느낀다. 뿐만 아니라 피티가 없는 날 스스로 헬스장에 나와 운동을 하는 것도 어려움을 느낀다. 그렇다고 매일 피티 수업을 잡을 수도 없는 노릇이다. 처음에는 수첩 같은 걸 선물해드리고 먹은 것들을 빠짐없이 적어와 달라고 부탁했다. 먹은 시간도 체크하고, 간식까지 빠짐없이 적어오게 한 후, 40~50분간 트레이닝 수업을 열심히 하고 10분 정도는 꼭 영양학 강의처럼 교육을 했다.

사실 어릴 때부터 야채 많이 먹어라, 규칙적으로 먹어라, 꼭꼭 씹어 먹어라 등등의 잔소리를 많이 들었지만 왜 그렇게 해야 하는지는 단 한 번도 들어본 적이 없는 것 같다. 고객님도 똑같을 것이기에 최선을 다해 영양학 강의를 해드렸다. 예를 들자면 식사시간이 왔다 갔다 하는 분들에게 규칙적으로 먹어야 하는 이유를 설명해드렸다.

"규칙적인 식습관은 우리 몸에 신뢰를 주는 방법이라 할 수 있는데요, 아침, 점심, 저녁을 규칙적인 시간에 먹다 보면 우리 몸이 주인을 신뢰하게 됩니다. 만약 7시에 아침을 먹고 12시에 점심을 먹고 5시에 저녁을 먹는 패턴이 있다고 할게요. 7시에 아침 식사가 들어오면 우리 몸은 12시가 되면 또 음식이 들어온다는 것을 알고 있습니다. 그러기 때문에 점심시간이 올 때까지 아침에 먹었던 것을 자연스레 다 소비해버리죠. 12시가 되면 또 믿음직스럽게 음식이 들어오니 저녁 5시가 되기 전까지 에너지를 남김 없이 소비하게 됩니다. 규칙적인 식습관을 갖는 것만으로도 소비하는 칼로리가 증가된다는 뜻이죠. 하지만 어떤 때는 3끼를 먹고, 어떤 때는 2끼를 먹는 식으로 왔다 갔다 하게 되면, 우리 몸은 주인을 신뢰하지 않게 됩니다. 그래서 만약을 대비해 음식을 저장하는 성질이 강해질 수밖에 없어요. 어떤 때는 월급을 받고, 어떤 때는 월급이 밀린다면? 이번에 급여가 들어오지 않을 수 있다는 마음에 돈을 마음대로 쓰지 못하고 아끼게 되지 않을까요? 우리 몸도 똑같아요. 식사하는 시간이 자꾸 왔다 갔다 하면 만약이라는 것을 대비해 최소한만 쓰고 저장하려고 해요. 우리 몸은 생명을 유지하는 게 1순위이니까요."

또 열정이 넘쳐서 처음부터 음식량을 확 줄이고 운동을 엄청 많이 해서 빠른 감량을 원하시는 분에게도 식단일지를 보며 교육을 해드렸다.

"소비는 섭취에 의존합니다. 예를 들어 월급이 100만 원인 사람이 100만 원을 쓰면 괜찮지만 100만 원을 받던 사람이 회사 사정으로 인해 월급이 50만 원으로 줄었는데 오히려 150만 원을 쓸 수 있을까요? 50만 원을 받던 사람이 150만 원을 쓰게 되면 비합리적인 사람이 되고, 빚쟁이가 되는 것처럼 우리 몸도 똑같습니다. 2,000칼로리를 먹던 사람이 갑자기 900칼로리로 줄이고 활동량까지 늘리게 된다면? 아무리 움직여도 소비 칼로리가 늘어나지 않습니다. 우리 몸의 시스템이 합리적이기 때문입니다. 100만 원을 받아야 생활이 가능한데 50만 원밖에 들어오지 않는다면, 어쩔 수 없이 허리띠를 졸라매게 되고 50만 원으로도 잘 살 수 있는 적응력이 생기게 되는 거죠. 그러다가 어느 날 갑자기 200만 원이 들어오면?(과식), 또 50만 원밖에 벌지 못할 것을 대비해 더더욱 아끼게(에너지) 됩니다. 지방을 저장하는 성질이 증가된다는 뜻이죠. 그래서 급격한 다이어트를 하시는 분들은 1년이면 97%, 3년이면 99%가 요요현상이 오게 됩니다. 저장하는 성질이 강해졌기 때문이죠. 고객님이 저를 만난 이상 굶주리는 다이어트가 아니라, 기분 좋게 먹고 운동하면서 행복하게 몸을 관리했으면 좋겠어요."

식단 예시도 만들어서 올려드리고, 저울을 선물해드리기도 했다. 그런데 한 분 한 분 이렇게 교육을 시키다 보면 수업시간이 초과되는 경우도 많아서 다음 고객에게 피해가 가는 경우도 있었다. 지금은 '밴드'라는 어플을 이용해 고객들이 먹은 음식 사진을 찍어서 올리면 잘한 점과 보완할 점 등등 적절히 섞어 피드백 해드리는 방식으로 진행하고 있다. 또 혼자 운동을 나오셨을 때, 해야 할 운동들을 사진으로 찍어서 보내드리며 늘 관리받고 있다는 것을 느낄 수 있도록 해드렸다.

시간이 지나면서 알게 된 중요한 사실은 나의 트레이닝 방법이 누군가에게는 부담이 될 수 있다는 사실이었다. 결과적으로 한 걸음씩 고객님의 발걸음에 맞춰드리는 게 가장 좋은 성과가 났다. 트레이너에게 하체 운동이 재밌는 운동이라 해서 고객에게도 재밌는 게 아니었고, 트레이너가 주 6회 운동하는 습관이 있다 해서 고객도 그렇게 만들려고 하면 안 되는 것이었다. 처음에는 주 2회, 3회 운동을 나오게 하고 조금이라도 재미를 느낄 수 있는 부위 운동을 시키면서 조금씩 다른 부위 운동에도 관심을 가지게 해야 한다.

힙업에 관심이 많은 고객님에게 힙 운동을 많이 포함시켜 드렸다. 힙에 자극을 느껴가며 운동하는 것에 흥미를 느끼기 시작했고, 곧 등운동, 팔운동 등 다른 부위 운동도 즐기기 시작하셨다. 또 스쿼트가 싫다는 사람에게는 스쿼트를 시키지 않았고, 스텝퍼가 싫다는 사람에게는 스텝퍼를 시키지 않았다. 그러나 시간이 지나면서 조금씩 그 운동들을 프로그램에 포함시키자 힘들지만 재밌게 따라오셨다. 그렇게 운동하는 습관을 자리 잡아가는 것이 중요하다.

트레이너라는 직업의 매력은 누군가를 만족시키는 과정에서 보람을 느끼는 것이다. 고객의 변화는 곧 나의 변화이고, 나의 성과이다. 단순히 매출에만 매달리며 산다면 나라는 존재가 없어지고 고객만족이라는 단어도 없어지게 된다. 나를 위한 삶, 고객을 위한 트레이닝을 하는 게 가장 가치 있고 재미있다. 인생에서 자기 자신이 빠진다면 무슨 재미로 살겠는가? 매출이라는 것은 트레이닝을 즐긴 만큼 따라오는 것이고, 고객의 변화는 트레이너를 믿어주는 만큼, 트레이너가 고객을 생각하는 만큼 나타나는 것이다.

트레이너의 자세

대형센터에는 회사처럼 계급체계가 있었다. 고객들을 만족시키고 직원들 사이에서 평판이 좋아서 실력을 인정받으면 주임, 대리, 과장으로 진급되었다. 과장 정도 되면 더 이상 피티를 하지 않고, 다른 트레이너들을 교육시키고 관리하는 직책으로 전환됐다. 같이 일했던 과장님 한 분이 있으셨는데, 자신의 트레이너 경험들을 얘기해주시며 직원들의 발전을 도왔다. 그때 들었던 한 스토리가 내 가슴속에 깊숙이 새겨져 있기에 옮겨 적는다.

운동을 시키다 보면 고객님들 중 관절의 비정상적인 움직임으로 인해 통증을 느끼거나 움직임의 범위가 잘 나오지 않아 트레이닝 할 때도 운동이 제한되는 경우가 많이 있다. 많은 사람들이 잘못된 생활습관으로 인해 근골격계 통증이 시작된다. 과장님은 고객들의 보다 안전한 트레이닝을 위해 근막이완을 통해 문제를 해결할 수 있는 테크닉을 배우는 코스를 신청했다. 당시 여러 교육생이 교육에 참석했는데 시간이 흘러 전혀 다른 결과를 눈으로 보게 됐다고 한다. 과장님은 배웠던 테크닉을 고객들을 상대로만 사용하고 있었고, 같이 교육을 들었던 한 교육생은 그 스킬들을 다른 트레이너에게 가르치는 마스터트레이너가 되어있었다.

물론 과장님이 교육을 들었던 목적은 고객을 위함이었고, 같이 교육을 들었던 그 교육생은 트레이너들을 대상으로 가르칠 수 있는 마스터트레이너가 되는 게 목표였다. 더 좋은 트레이너가 되기 위함이었다.

과연 둘 중 누가 더 배운 내용을 잘 기억하고 사용할 수 있었을까? 아무리 좋은 교육을 들어도 교육이 끝나고 나면 10개 중 7개 정도는 기억에 남지 않는다. 아직 내 것으로 흡수되지 않았기 때문이다. 내 것으로 만들려면 당연히 배운 것을 바로 접목해 봐야 한다.

마스터트레이너가 되고 싶었던 분은 당연히 다른 트레이너에게 정확하게 가르치고 전달하기 위해 고객들에게 바로 스킬들을 사용하며 많이 연습했을 것이다. 반면, 과장님은 기억나지 않는 부분을 애써 기억해내려 노력하지 않았기에 배웠던 10가지 중 분명 몇 가지는 놓쳐버렸을지 모른다. 작은 생각의 차이가 행동의 결과에 엄청난 영향을 미치게 된다. 확실한 것은 다른 사람을 가르칠 때 성장한다. 아무리 많이 배운다 한들 적용해보지 않고, 행동해보지 않으면 무조건 잊어버린다. 배운 것을 다시 누군가에게 공유하고 가르치면 더 빨리 성장할 수 있다. 그리고 이 사례처럼 생각을 조금만 달리하면, 분명 더 많은 것에 기회가 온다.

작은 생각의 차이가 엄청나게 다른 결과를 만들지만, 주입식 교육을 받으며 성장한 우리는 스스로 생각하는 법에 서툴다. 맞다, 틀리다로 간단하게 정해버리는 것을 좋아하지 스스로 답을 찾는 것에 익숙하지 않다. 울산에서 트레이너 생활을 처음 시작했을 때 관장님과 나의 트레이닝 방법이 다른 게 싫었다. 내가 하는 바벨로우와 관장님이 하는 바벨로우에 자세 차이가 있었는데, 이런 것들이 나에게는 스트레스였다. 바벨로우 운동을 하고 있으면 관장님께서 내게 와서 그렇게 하면 안 된다며 자세를 지적했고, 나는 내 방식대로 해보고 싶어 눈치를 보며 제대로 운동을 할 수 없었다. 헬스장에 등록했던 회원이 사이드 레터럴레이즈 자세가 궁금하다고 해서 알려드렸는데, 관장님은 내가 알려드린 방식으로 운동을 하고 있는 회원에게 다가가 그렇게 하지 말라며 자기 방식으로 교정해주셨다.

내 자세가 틀렸고, 관장님의 자세가 정답이라는 근거도 없었고, 사실 뭐가 맞는 것인지 알 길이 없었다. 서울에 있는 트레이너 교육기관을 찾았던 이유도 정답을 찾고 싶었기 때문이다. 바벨로우는 무조건 이렇게 해야 한다! 사이드레터럴레이즈는 무조건 이게 답이다! 그렇게 주장하는 근거와 정답이 궁금했다. 똑같은 스승에게 배우고, 그 제자들이 피티 숍이라는 곳에 모여 트레이닝을 하니 전에 받았던 스트레스가 모조리 사라졌다. 그러나 이후 대형센터로 자리를 옮기자 역시나 모든 트레이너의 바벨로우 자세와 스쿼트 자세가 달랐다. 내가 틀에 갇혀있었던 걸까?

운동방법에 정답을 논하는 것 자체가 고정관념이었고, 성장과 발전을 막는 길이라는 것을 알게 됐다. 예전엔 내가 배웠던 자세와 다르게 트레이닝 하는 사람에게 '저건 틀렸어.', '저렇게 하면 안 돼.'라고 생각했지만 이제는 저 선생님은 왜 저렇게 트레이닝을 시키는 걸까? 무슨 장점이 있는 걸까? 궁금해지기 시작했다. 그 선생님에게 다가가 왜 이렇게 하는 건지 물어보고, 나도 가르쳐달라고 해서 따라 하며 다른 트레이너의 운동방식도 배워가기 시작했다. 안전한 자세인지, 고객이 다칠 수 있는 위험한 자세인지만 신중히 고려한다면 아무 문제가 없다. 이렇게 열린 마음으로 바라보니 약간의 방향 변화와 움직임에 따라서 근육에 전달되는 힘이 다르다는 것을 느낄 수 있었고, 다양한 운동방법이 있다는 것도 알게 됐다. 그러다 보면 여러 방식, 여러 방법 중 더 효율적인 방법을 보는 눈을 가지게 된다. 물론 보는 눈을 가지는 것은 공부에서 나온다. 배우고, 배운 것들을 나를 통해 접목해보고, 고객을 상대로 적용해보는 것을 되풀이해야 한다. 앞에서도 강조했지만 계속해서 강조하고 싶다. "이 정도면 됐어."라는 오만한 생각은 하지 않았으면 좋겠다.

솔직히 말해서 나를 포함해 트레이너 업계 사람들은 공부를 잘 하지 않는다. 트레이너라는 직업을 쉽게 생각하고, 애초에 오랫동안 이 일을 할 생각이 없는 상태로 일을 시작하기 때문이다. 이 말은 조금만 공부해도 다른 트레이너와 완전히 달라질 수 있다는 뜻이다. 공부하지 않는 트레이닝은 설사 고객에게 긍정적 효과가 나왔다 한들 모두 얻어걸린 결과일 뿐이다. 나중에 비슷한 케이스가 와서 똑같이 트레이닝 시킨다 해도 긍정적인 결과가 나올 확률은 당연히 낮다. 문제가 되지 않으면 오히려 다행이다. 나 또한 어느 순간 '이 정도면 됐다.'는 생각으로 배움을 멈췄다. 그러자 어느 날 늘 똑같은 트레이닝만 하고 있다는 것을 깨달았다. 시간이 지날수록 스스로가 지쳐갔고 재미도 없어졌다. 그저 다람쥐 쳇바퀴 도는 삶을 살고 있었다.

척추측만증 고객이 있었는데 항상 허리가 불편하고, 통증이 매일 있다고 하셨다. 익숙한 고통이라 당연한 듯 살고 계셔서 피티를 받으며 교정할 수 있을 거라는 생각조차 없으셨다. 목표는 그저 살을 빼는 것뿐이었다. 딱 봐도 허리가 휘어있는 게 보였기 때문에 트레이닝을 시킬 때 허리운동을 아예 시키지 않았다. 혹시나 더 아파할까 봐 늘 불안해하며 운동을 시켰다. 운동을 하다 보면 보통 모든 운동동작에서 허리에 힘이 들어간다. 가끔 허리에 통증이 있는 표정을 지을 때가 있었는데 실력 없는 트레이너를 만난 것에 미안한 마음도 들고 해서 더 잘해주고 싶었다. 막 '재밌다' 하시고 웃으면서 피티 받는 모습에 가여운 마음까지 들곤 했다. 운 좋게 척추측만에 대해서 교육하는 곳이 있어 강의에 참석했다. 그 고객님을 위해 조금이라도 준비한다는 자체가 내겐 희열이고 기쁨이었다. 늘 불안하고 불편했던 트레이닝 시간이었는데 강의를 들은 후로는 고객을 만나는 시간이 기다려졌다.

결론은 트레이너는 자신의 트레이닝에 대한 자부심이 있어야 하고, 스스로가 '맞다'라고 느낄 수 있는 트레이닝을 해야 즐겁게 일할 수 있다. 또 그래야만 고객도 변할 수 있다. '퍼스널 트레이너', '퍼스널 트레이닝'이 무슨 말인가? 고객 저마다의 특성 (체력, 건강, 경력 등등)을 고려하여 다름을 인정한 맞춤 트레이닝을 하는 것이다. 사람마다 다르기 때문에 다르게 접근해야 한다. 그저 운동만 가르치는 직업이라면 50분에 5만 원이라는 가치가 없다. 다른 사람이 아닌 오직 한 사람만을 위한 프로그램을 제공하는 것이 퍼스널 트레이닝의 가치다. 트레이너는 몸으로 때우는 직업이 아니다. 퍼스널 트레이닝 프로그램은 트레이너가 가지고 있는 유일한 상품이다. 가치를 스스로 올리는 길을 택했으면 좋겠다. 트레이너가 공부를 즐기기 위해서는 지금 만나고 있는 고객, 앞으로 만나게 될 고객을 생각해야 한다. 나를 선택해준 사람에게 보답하고 싶다는 마음이 트레이닝의 질을 결정한다.

지인 중 재활트레이닝을 긴 시간 동안 배운 선생님이 있으시다. 그분은 늘 배움의 자세를 가지고 계신다. 당연히 재활을 목적으로 방문하는 고객들의 만족도가 하늘을 뚫고 올라간다. 하지만 아쉬운 점도 있다. 고객의 표정이 썩 좋지 않은 경우를 보면 고객은 다이어트를 하고 싶어서 등록을 했는데, 좌우 밸런스가 맞지 않거나 약간 어깨가 앞으로 쏠린 것을 보면 바로 재활 쪽으로 접근하기 때문이다. 재활트레이닝은 특성상 활동량이 적다. 활동적인 운동을 생각하고 마음잡고 온 사람을 정적인 트레이닝인 재활트레이닝으로 접근하다 보면 고객은 '내가 운동을 하고 있는 게 맞나?'라는 생각이 들 수밖에 없다. 생활하는 데 통증도 없고, 문제가 될 정도로 심각하지 않은 사람도 무조건 자신이 배운 재활 쪽으로만 접근하는 것은 사실 트레이너의 욕심이다. 어찌 보면 고객은 트레이너의 희생양이다. 고객이 원하는 쪽으로 접근하면서 자신이 원하는 트레이닝 방법도 적용해야 한다. 10킬로그램을 빼고 싶어 피티를 등록한 사람한테 살은 하나도 빼주지 않고, 당신은 제 트레이닝 덕분에 몇 도 정도 삐뚤어졌던 골반이 정상적인 위치에 자리 잡았고, 라운드 숄더도 어느 정도 교정되었다고 말해봤자 누가 좋아하겠는가? 볶음밥을 시켰는데, 짬뽕이 나오면 기분 좋을 사람이 있겠는가? 고객은 자신이 원한 것이 아니면 불만이 쌓인다. 먼저 고객을 알고, 그다음에 고객을 위해 맞춤 트레이닝을 하라.

"공부는 죽은 뒤에야 끝나는 것이니 서두르지도 늦추지도 않는다."

– 율곡 이이

계속 배울 자신이 없으면 트레이너를 시작하지 마라.

준비된 자에게 기회가 온다

서울로 와서 트레이너 직업교육을 받을 때였다. 교육센터 대표님은 교육생들이 센터 소속 직원이 아니라 1인 사업가라는 생각으로 일하길 바라셨다. 스스로 고객을 모집하는 방법을 익히고, 헬스장에서 월급을 받는 게 아니라 헬스시설을 빌려 쓰는 대신 대가를 지불하는 방식으로 살아가길 바라셨다. 그러면서 연봉 5,000만 원을 받는 트레이너가 되라고 하셨다. 12개월로 나누면 월 420만 원인데, 그때는 그것이 꿈이자 목표였다. 전단지를 돌리는 것이나 블로그에 고객님의 사진을 찍어 올리고 글을 쓰는 것도 그때 시작했다. 관리하는 고객이 많아 보여야 한다는 것이었다. 고객이 많은 트레이너라면 분명 이유가 있다고 생각하는 게 사람의 심리라고 하셨다.

대형센터에서 일하게 됐을 때 기본급이 90만 원이었다. 오후 3시부터 12시까지 자리를 지켜야 했고, 주된 업무는 청소는 물론 신규 회원님에게 2번의 무료 피티를 진행해주는 것이었다. 1시간씩 두 번 만나는 고객을 체성분 측정으로 근육량과 체지방량이 어느 정도인지 체크해주고, 식습관 노하우도 알려주며 운동 목적에 맞는 필수적인 운동을 몇 가지씩 알려주는 것이었다. 두 시간 동안 피티가 어떤 것인지 체험시켜 드리면서 고객이 피티를 계속해서 받고 싶게 만들고, 결제를 하게 만드는 시간이었다. 당연히 고객은 눈치가 빨랐다. 무료로 제공되는 이 시간이 헬스장에 등록했기 때문에 주어지는 혜택이라고 생각하는 사람은 없었다. 그래서 그 시간은 보통 서먹서먹하고 불편한 시간이었다. 나의 계약 성공률은 정확히 10%였다.

운동학, 영양학, 생리학 등 많은 것을 배웠다고 생각했는데, 그것이 헬스장 회원이 나한테 피티를 받아야 할 이유가 되지 않았다. 돈 얘기를 꺼낼 때면 부담을 주는 것만 같았고 실제로도 매우 부자연스럽고 어색했다. 30명의 신규 회원에게 무료 피티를 해주고 그중에 3명이 계약하면 사실 관리자 입장에서는 손해다. 능력이 없는 트레이너라는 생각이 들 수밖에 없다. 영업 능력이 없는 트레이너는 눈치를 많이 볼 수밖에 없고 기가 죽을 수밖에 없다. 누구나 인정받으면서 회사에 도움이 되는 사람이 되고 싶지, 손해를 입히는 사람이 되고 싶지는 않을 것이다. 다행히 대표님은 센터에 상주하지 않으셨고, 같은 직원인 팀장님은 눈치를 주거나 혼내지 않고 오히려 자기도 그랬었다며 위로해주셨다. 분명 트레이너들을 어떻게 관리하기에 이 모양이냐며 대표님께 혼나기도 하고 잔소리도 들으셨을 텐데 전혀 티 내지 않았다. 미안한 마음이 들었고, 더 잘하고 싶다는 생각이 들게 만들어준 좋은 선배였다.

　팀장님이 신규 회원들에게 피티를 유도해 결제를 받은 후 내게 넘겨주셔서 점점 내 고객도 늘어났다. 또 퇴사를 하는 트레이너의 피티 고객들도 내게 넘겨주셨다. 내가 관리하는 피티 고객들은 컴플레인이 없다는 이유 때문이었다. 웃는 얼굴로 고객들을 친절하게 대하고 묵묵히 센터 일들을 도맡아하는 모습을 좋게 봐주셨다. 어쩌면 당연한 일들이지만, 바닥에 쓰레기가 있거나 입구에 낙엽이 잔뜩 쌓여있어도 관심 없는 직원들이 많았고, 고객에게 반말을 해가며 운동을 왜 이렇게 못하냐고 지적하거나 식단관리를 어려워하는 고객을 앉혀놓고 면박을 주며 혼내는 트레이너도 있었다. 그에 비해 나는 평판이 좋았다. 그저 할 일을 친절하게 묵묵히 했을 뿐인데 센터 내에서 꼭 필요한 직원으로 자리 잡아갔다.

　친절과 청소는 아주 기본 중의 기본이다. 나도 '트레이너가 무슨 청소야?'라고 생각했던 적이 있다. 만약 그런 생각이 든다면 나를 선택해준 고마운 고객이 사용하는 곳이라고 생각해보라. 내 고객이 깨끗하고 기분 좋은 곳에서 운동하면 좋겠다고 생각이 들지 않는가? 작은 마음가짐의 차이가 큰 차이를 만든다. 즐기는 사람 위에 감사한 사람이 있다고 한다. 고객이 있어 감사하다는 마음을 가지면 쉽다.

　"나한테 피티를 받지 않으면 손해입니다."라고 당당하게 말할 수 있는 사람이 되고 싶었다. 고객에게 담당 트레이너로 선택받기 위해서는 보이는 결과물이 있어야 했다. 입으로만 한 달에 7킬로그램은 뺄 수 있다고 말하는 것은 장사꾼의 단골 멘트일 뿐이다. 근육과 지방은 같은 무게라도 부피가 다르기 때문에 근육을 만들어야 같은 체중이라도 다른 느낌의 몸매가 완성된다는 식의 말로 설득하는 것도 한계가 있다. 이런 말만으로 지갑을 열 사람이 있겠는가?

우선 관리하는 고객들에게 만족할 만한 결과를 만들어드려야 한다는 생각이 들었다. 비포애프터 사진을 남기기 위해 첫 수업에 비포 사진을 찍었고, 아침을 굶는 습관을 가진 고객에게 바나나를 1~2개씩 먹어보길 권장드렸다. 이 정도의 변화는 누구나 쉽게 적응할 수 있었고, 아침을 챙기게 된 고객은 당연히 점심에 폭식하는 습관을 개선할 수 있었다.

처음에 사진 찍는 것을 어려워하거나 부담스러워하지 않을까?라는 걱정을 하는 트레이너가 많다. 당연히 비포애프터 사진을 남겨야 하니까 사진을 찍자고 하면 고객은 사진을 찍기 싫을 것이다. 트레이너를 위한 희생양이 되는 느낌이 들기 때문이다. 하지만 '사진을 찍어 체형을 체크해드리겠다, 좌우 밸런스와 틀어진 골반 등을 체크해서 운동 프로그램에 접목시키겠다, 한 달 뒤에 찍은 사진을 비교해 바뀐 체형과 달라진 몸매를 확인시켜드리겠다.'고 하면 고객은 사진을 찍는 것도 트레이닝의 과정이라고 생각하고 오히려 체계적이라고 느끼거나 나를 위한 서비스라고 느끼게 된다. 나 역시 처음에는 고객이 부담스러워할까 봐 사진을 찍자는 말을 건네지 못했었다. 놀라울 정도로 많이 변했던 고객의 비포 사진이 없었기 때문에 애프터 사진은 전혀 의미가 없었다. 트레이너에게 있어 이런 사진은 보물과도 같다.

보통 피티를 선택한 고객은 혼자서는 관리할 자신이 없는 사람인 경우가 많다. 수업이 아닐 때는 무엇을 해야 할지 당연히 모른다. 자세가 잘 나오는 운동은 사진과 영상을 찍어 보내드릴 테니 혼자 복습해보라고 했다. 내 핸드폰 사진첩에는 고객 데이터가 당연히 쌓이기 시작했다. 스스로 관리할 능력이 생긴 고객들은 비포애프터 결과도 빨리 나오기 시작했다. 이런 데이터를 파일로 옮겨서 나만의 세일즈북을 계속 업데이트했고, 블로그에는 고객소개, 다이어트 정보, 운동방법, 나만의 마인드 등등을 계속해서 올렸다(블로그 관리법에 대해서는 뒷장에서 자세히 설명할 테니 이 장에서는 넘어가도록 하겠다). 이후 무료 수업을 진행할 예정인 고객에게 약속 시간을 남기면서 내 블로그 링크도 빠뜨리지 않았다.

운동 목적이 다이어트라고 적혀있는 분들은 다이어트 성공 스토리, 체력관리가 목표라고 적혀있는 분들은 체력관리 성공스토리 링크를 함께 보내드렸다. 그리고 주어진 2회의 피티 시간 동안 현재 피티를 받고 있는 고객들이 어떻게 관리받고 있는지를 피피티 파일로 보여드렸다. 피티 수업이 없는 날에도 관리를 하실 수 있게 만들어드리고, 식단은 매일 관리해드리고 있다며 실제 진행하고 있는 고객들의 자료를 보여드렸다. 그랬더니 담당 트레이너로 선택받는 확률이 놀랍게 올라갔다. 피티 고객이 늘 30명 이상씩 있었다. 나는 하루빨리 직원인 트레이너가 아니라, 센터 측에 돈을 지불하며 시설을 빌려 쓰는 프리랜서 트레이너가 되고 싶었다.

수많은 고민을 하면서 대형센터에 사표를 내고 프리랜서 트레이너로 활동할 수 있는 센터를 알아보기 시작했다. 그러면서 꾸준히 관리한 블로그로 고객을 확보해나가기 시작했다. 카카오스토리, 인스타그램 등 한 명이라도 더 고객을 모집하기 위해 채널을 늘려 홍보했다. 아침 7시에 수업이 있고, 저녁 8시에 수업이 있어서 버스비를 아끼기 위해 12시간 동안 센터에서 죽치고 있으면서 기다린 날들도 많았다. 이 사실을 듣고 한 트레이너 지인 분이 얼굴이나 한번 보자며 연락해왔고, 같이 피티 숍을 차려 운영해보지 않겠냐며 제안해주셨다. 그분의 말을 듣고, 프리랜서가 아닌 피티 숍의 대표가 돼야겠다는 생각을 가지게 되었다. 그분과는 준비과정 중 문제가 있어 결국 같이하지 못했지만, 그 제안과 준비과정은 내가 대표라는 꿈을 이루는 데 하나의 디딤돌이 되었다. 대표가 되면 자신감과 주인의식을 가지고 더 잘할 수 있겠다고 판단했다.

지금 연봉 5,000만 원이라는 목표를 뛰어넘어 피티 숍을 운영하는 대표가 됐다고 해서 인생의 행복감이 항상 그대로 유지

되는 것은 아니다. 행복은 원하는 것을 이뤘을 때보다 한 계단 한 계단씩 감사한 마음으로 성장해가는 과정에 있었다. 갑자기 인정받는 트레이너가 되거나, 갑자기 대표가 되거나, 갑자기 파워블로거가 될 수는 없다. 하나씩 하나씩 준비해가는 과정을 즐겨라. 그럼 기회를 만날 것이고, 그 속에서 기쁨을 느낄 수 있을 것이다.

시간관리, 목표관리, 자기계발 등을 강의하는 세미나에 참석했다가 알게 된 40대의 인생 선배님이 한 분 있으시다. 그분은 나에게 한 달에 얼마를 벌면 행복할 거 같냐고 물으셨다. 나는 그 질문에 500만 원이라고 대답했다. 그랬더니 그분은 다시 내 친구들이 모두 월 1,500만 원씩 번다면, 그래도 월 500만 원씩 벌면 행복할 거 같냐고 물으셨다. 나는 고개를 절레절레 흔들었다. 내가 생각하고 있던 행복의 기준은 사실 엉터리였다. 그분은 "지금 자신이 추구하는 행복은 그 기준부터 잘못됐을 가능성이 크다. 어쩌면 자신이 진정으로 원하는 행복이 아닐 수도 있다는 뜻이다. 진정한 행복은 자신을 만나 대화하며 찾아가야 하는 거다."라고 말씀하셨다. 그렇다. 일에서도 삶에서도 밸런스를 잊지 말고 행복한 인생을 만들어가야 한다.

고객 편에 서라

서울에 온 이후 수많은 교육을 듣고, 수많은 트레이너와 사람들을 만났다. 하지만 아는 사람은 많아도 어느 정도 이상으로 관계를 발전시키지 않았다. 대형센터에서 일할 때 마음을 좀 열라는 소리를 들을 정도였다. 같이 일할 때는 하하, 호호 떠들고 놀았지만 딱 거기까지였다. 퇴근 이후에는 동료들과 시간을 보내려 하지 않았고, 출근 전 시간은 물론 주말에도 함께하지 않았다. 인간관계에서 딱히 상처를 받은 기억도 없는데, 거리를 두며 생활했다. 단지 사람을 만나면 돈을 쓰고, 먹으면서 살이 찌고, 피로감에 다음 날 지장이 있어서 차라리 그 시간에 책을 보거나 블로그를 하나 더 올리는 게 좋았다. 불필요한 인간관계는 시간 낭비, 돈 낭비, 체력 낭비라 생각했다. 20대 때는 그저 일에서 오는 성취감만이 행복이라고 생각했다.

같이 일했던 트레이너 중에 나보다 한 살 어린 친구가 있다. 늘 인상 쓴 얼굴에 걸음걸이도 건들건들하고, 인사를 해도 받아주지도 않았으며 말투도 버릇없었다. 상대하고 싶지 않았다. 인상 쓴 모습을 보면 덩달아 인상을 쓰게 돼서 이유 없이 악감정이 생겼다. 귀싸대기를 날리는 꿈을 꿀 정도였다. 약 1년이라는 시간 동안 말 한마디 제대로 하지 않고, 서로 투명인간 취급하며 지냈다. 주말에 같이 근무를 서게 된 날이었는데 갑자기 그 선생님이 말을 걸었다. "창현 선생님, 요즘 표정이 안 좋은데 힘든 일 있어요?"라는 질문이었다. 처음으로 따뜻한 사람으로 느껴졌다. 요즘 지쳐 보인다며 무슨 일 있는 거 아니냐고 나를 걱정해주었다. 그래서 나도 그 순간만큼은 마음을 열고 대화를 나눴다. "이상하게 요즘 힘이 없었는데, 티가 났나 보네요." 했더니 창현 선생님은 일만 하고 스트레스를 풀 수 있는 무언가가 없는 게 아니냐며 나의 마음에 공감해주고 이해해주었다. 꼭 내 마음을 잘 알고 있는 사람처럼 느껴졌다. 이상하게 1년 넘게 미워했던 마음이 눈 녹듯 사라졌다. 이후 투명인간처럼 지냈던 우리는 누구보다 가까워졌다. 12시에 퇴근해서 술 없이 1차 소고기집, 2차 치킨집, 3차 카페까지 새벽 4시가 넘게 수다를 떨었고, 트레이닝 기술도 공유했다. 그 친구가 퇴사를 한다고 했을 때 정말 붙잡고 싶어 눈물이 날 정도였다. 지금도 만나면 새벽까지 수다를 떤다. 동종업계에서 같은 관리자의 입장이라는 것만으로도 우린 서로의 마음을 잘 알아주는 친구 사이가 됐다.

스무 살부터 스물여섯 살까지 연애 한 번 하지 못했던 내가

6년 만에 연애를 시작하게 됐다. 6년이라는 시간에는 군대도 포함돼 있고, 공장에 다녔던 시간도 포함돼 있고, 생활비 하나 제대로 벌지 못하던 트레이너 시절도 포함돼 있다. 4살이 어렸던 여자친구는 대학생이었고, 난 오후 3시부터 밤 12시까지 일을 하는 트레이너였다. 주말에도 출근해서 헬스장을 지켜야 했기에 같이 놀러 갔던 기억이 없다. 오랜만에 했던 연애였음에도 함께할 수 있는 시간은 크게 없었다. 그렇게 연애하다 100일을 앞둔 어느 날, 뻥 차여버렸다. 그녀의 마음을 좀 더 알아주고, 내 마음을 잘 표현했더라면 더 깊은 관계가 될 수 있었을 텐데 후회와 미련이 남았다. 그런데 덕분에 인간관계에 관심이 생겼다. 남자와 여자는 다르다는 조언을 듣고 지인으로부터 추천받은 책을 읽기 시작했다. 『화성에서 온 남자 금성에서 온 여자』, 『말을 듣지 않는 남자 지도를 읽지 못하는 여자』 등의 책을 보니 내가 연예에 실패할 수밖에 없던 이유가 있었다. 많은 것을 느끼고 깨달았다. 여성 고객이 무슨 말을 건넬 때면 공감 없이 해결에 초점을 맞춘 대답만 했던 내 모습을 되돌아보았다. 취직이 안 돼서 고민이라고 말하는 여성 고객에게 그럼 열심히 공부해보라고 말하는 수준이었다.

사실 피티 고객은 항상 남성보다 여성의 비율이 높았다. 나는 어릴 때부터 남자들과만 붙어 다녀서 그런지 여자들과 대화를 주고받는 게 어딘가 부자연스러웠다. 담당 트레이너가 퇴사하는 바람에 내가 담당하게 된 여성 고객 한 분이 기억난다. 전에 관리해준 선생님은 대화도 잘 통하고 마음에 들었는데 나는 그렇지 않다며 성에 차 하지 않았다. 첫 수업부터 마음에 들지 않는다는 것을 대놓고 표현하셨다. 복근운동을 시키려고 시범자세를 보여주며 해보자고 하면, 인상을 쓰고 하고 싶지 않다며 다른 운동 하자는 식이었다. 허리운동(백익스텐션)을 시킬 때 좌우 허리 근육에 힘이 일정하게 들어가는지 체크해드리려고 허리에 손을 얹었더니, 손대지 말라며 정색을 하셨다. 식은땀이 줄줄 흘렀다. 50분 수업이 꼭 5시간 같았다. 남은 수업이 20번이나 되는데 무사히 끝낼 자신이 없었다. 수업이 있는 날 야근이라며 취소하시면 오히려 감사한 마음이 들었다. 꾸역꾸역 버티는 수업을 5번 정도 했을 때였다. 회사에서 너무 힘들었고 잠도 못 자서 피곤하니 운동은 하지 말고 그냥 얘기만 하자고 하셨다. 당황스러웠다. 무슨 말을 꺼내야 할지, 어떻게 하면 50분간 대화를 할 수 있을지 머리가 핑 돌았다. 침착하게 스트레스 받는 일이 있었냐며 질문을 던졌더니, 많은 얘기를 해주셨다. 회사에서의 고충과 직장 상사의 욕을 들어드렸더니 50분이 훌쩍 지나가 있었다. 아무튼 내 생애 가장 어려운 고객이었다. 만나는 시간이 늘어날수록 마음이 열리셨던 건지 조금씩 웃음도 보여주셨고 운동량도 늘어났다. 마지막 수업을 하던 날 그분께서 감사하다며 케이크를 사오셨다. 내게 값진 케이크였다. 그분은 근육량이 늘고 체지방량이 줄어든 체성분 측정 결과를 보며 고맙다고 말씀해주셨고, 이사를 가기 때문에 재등록은 못 하지만 그동안 신경 써주셔서 감사했다고 하시며 눈시울이 붉어지셨다. 50분이라는 피티 시간은 분명 운동만 시키는 시간이 아니다. 대화가 오갈 수밖에 없는데 툭툭 끊기는 대화라면 고객도 불편하고 트레이너도 불편한 시간이 될 것이다. 여자들은 대화를 하면서 스트레스를 푼다고 한다. 운동을 하면 스트레스가 풀리는데, 대화까지 원활하게 통한다면 고객의 만족도는 상상 이상이다. 여자와 대화하는 법에 대해 공부를 하고 나니 나와 긴 시간 함께해주는 고객도 생겨났다. 1년이 넘게 고객이 돼주는 분들의 공통점은 대화가 원활하게 이루어진다는 것이다. 비포 애프터가 좋아서 재등록을 하는 사람보다 담당 트레이너가 편하고 대화가 잘 통해서 재등록하는 경우가 더 많다.

서울로 올라와서 친하게 지내며 많은 시간을 함께했던 동생이 한 명 있다. 트레이너 교육기관에서 알게 된 동생이었다. 같이 공부도 하고, 월 30만 원을 겨우 벌면서 같이 힘들어하고, 스쿼트를 하면서 비타민도 챙겨야 한다며 2,000원짜리 양배추를 사서 같이 씹어 먹던 시절이었다. 내 마음을 가장 잘 알아주는 사람이었다. 월 30만 원씩 벌던 우리가 대형센터로 이직을 하고 평균 월 200만 원을 벌고, 300만 원을 벌게 됐을 때 힘들었던 추억보다 좋은 술안주가 없었다.

피티 숍을 창업하고 싶다고 생각했을 때, 30평대 평수라면 보증금을 제외하고 약 6,000만 원은 있어야 한다는 것을 알았다. 3,000만 원까지는 어떻게든 만들 수 있다고 생각했지만 혼자서 하기에는 엄두가 나지 않았다. 그 동생도 나와 생각이 같았다. "서울로 와서 수많은 사람을 만났지만 같이 일하고 싶은 사람은 너밖에 없다."라고 말하며 우린 동업자로서 손을 잡았다. 주변에서 다 뜯어말리는 동업이었지만, 서로 양보하고 욕심을 줄이면 괜찮을 거라고 믿었다. 상상 이상의 성과도 함께 만들었고 기쁜 날들도 많았지만, 우린 둘 다 속마음을 표현하는 데 인색했다. 쌓여가는 감정과 서운함이 걷잡을 수 없이 커졌을 때 우린 갈라섰다. 함께했던 시간들이 이 정도밖에 되지 않는 건가 싶었다. 오해가 커지기 전에 대화를 하고자 용기를 냈다면 어땠을까 생각해본다. 표현방식을 조금만 더 고민했더라면, 조금만 더 서로의 입장을 고려했더라면 분명 달랐을 것이다. 대화 부족이 만들어낸 결과였구나 싶다.

　　누구나 한 번쯤은 비슷한 경험을 한다. 가장 친한 친구라고 생각했던 사람과 대화의 실수로 인해 어느 순간부터 연락을 하지 않게 되거나 남이 되는 경우가 있다. 반대로 정말 꼴도 보기 싫었던 사람과 단 한 번의 대화로 가까운 사이가 되기도 한다. 잘 생각해보면 사람관계가 틀어지거나 좋아지는 배경에 항상 대화가 있다. 모든 인간관계가 그렇다. 고객과의 관계도 똑같다. 자신을 응원해주고, 믿어주고, 기쁜 일이 있으면 박수쳐주고, 슬픈 일이 있을 때는 더 슬퍼해주는 사람이 있다면 누가 좋아하지 않겠는가? 진정성과 진심으로 고객의 편이 되려고 노력하라.

트레이너 업태는 서비스

블로그를 하면서 궁금했던 것은 다른 사람들은 어떤 식으로 글을 쓰는가였다. 음식을 먹으러 갈 때도 검색을 해 블로그를 읽어보고 골랐고, 머리를 자르러 갈 때도 블로그에 평이 좋은 곳을 선택하게 됐다. 그러다 어느 날 커트가 7만 원인 미용사 한 명을 보게 됐다. 평균 커트 가격이 1만 원 하던 시절이었기 때문에 사실 웬만해서는 납득할 수 없는 가격이었다. 같이 공부를 하고 있던 사람에게 커트를 7만 원 받는 미용사도 있는 거 아냐고 물었더니 어이없다는 표정으로 거짓말하지 말라고 했다. 여자 미용사였는데 만나자마자 프로페셔널이라는 단어가 바로 떠오르는 사람이었다. 블로그에 외국 여행 글도 자주 올리고, 고객과 함께 웃으며 찍은 사진도 올리면서 고객과의 유대관계를 강조했다. 블로그에는 헤어스타일 비포애프터는 물론 자신의 미용기술까지 잘 정리돼 있었다. 일하면서 행복을 느끼는 사람, 행복을 찾으러 다니는 사람이라는 말이 잘 어울리는 사람이었다. 새 글이 언제 올라오나 궁금할 정도로 글 하나하나에 정성이 넘쳤다. 나는 그분에게 빠져들어 언젠가 이곳에서 머리를 자르고 싶다는 생각으로 블로그를 매번 방문했다.

시간이 흘러 금전적 여유가 생기자마자 그분에게 머리를 하기 위해 예약을 했다. 오후 시간에 출근을 해야 했기에 아침 오픈시간에 맞춰 갔다. 회의시간이었는지 10여 명이 넘는 디자이너가 우르르 앉아있었고, 딱 한 사람이 유독 밝게 반겨주었다. 블로그에서 봤던 그 헤어 디자이너이자 원장이었다. 커트 시간 내내 내 머리에 집중해서 스타일을 연출하는 눈빛 또한 감동이었다. 커트 값은 당연히 아깝지 않았다. 고객응대법을 배우는 수업을 듣고 있는 것 같았다. '아, 나도 고객님께 모든 신경을 집중해야겠구나', '정말 반가워서 미치겠다는 표정으로 인사를 해야겠구나.'

대형센터에서 같이 근무했던 트레이너 선생님과 퇴근 후에 닭갈비집에 갔었다. 평소 힘들어하던 동료였기 때문에 불평불만과 함께 누군가의 욕도 있었다. 들어주고 공감해주고 같이 욕해주는 시간에 직원분은 우리가 앉은 자리 옆에 서서 묵묵히 닭갈비를 구워주고 계셨다. 센터동료는 잔뜩 뿔이 나서 거친 표현이 오갔다. 닭갈비가 다 익어갈 때쯤 말 한마디 없던 직원분께서 "잠시만요."라는 말과 함께 자리를 비우더니 치즈를 잔뜩 가지고 돌아와 넣어주시며 말씀하셨다. "이건 서비스니까 맛있게 드시고 기분 푸세요." 치즈가 고마워서가 아니라, 치즈를 좋아해서가 아니라, 그 말 한마디에 잊을 수 없는 닭갈비를 맛봤다. 앞에 앉아있던 동료의 표정도 밝아졌다. '아, 이게 진정한 서비스구나.'

트레이너가 아니었을 때, 헬스장 회원권을 등록해서 많은 곳에서 운동을 했었다. 트레이너라는 직업이 멋있어 보였고, 인생 선배 같은 느낌 때문에 난 항상 90도로 인사를 했다. 잘 보이고 싶던 마음도 있었다. 인사를 했을 때 반갑게 맞아주는 사람도 있었지만, 누가 봐도 대충 인사를 받는 사람도 많았다. 이런 사람들은 방문하는 회원들에게 인사하는 방법조차 모르는 듯했다. 회원의 입장에서 봤을 때 그런 사람에게는 인사를 하고 싶지도, 눈을 마주치고 싶지도 않았다. 트레이너가 되면 인사만큼은 먼저 하자는 생각이 그때 자리 잡았다. 트레이너가 됐을 때 이 생각은 바로 실천으로 옮겼다. 러닝머신을 타고 있는 사람에게도 단 한 명도 빠짐없이 고개 숙여 '안녕하세요.' 하고 인사를 드렸다. 갑작스러운 인사에 놀라는 사람도 있었지만, 대부분 웃으면서 인사를 받아주셨다. 인사를 하다 보면 자연스럽게 눈이 마주치고 한마디라도 던지게 된다. "오늘따라 살이 많이 빠져 보이네요", "너무 열심히 하시는 거 아니에요?" 같은 말이었다. 인사를 잘한다는 것만으로도 헬스장 회원들에게 밝고 성격 좋은 트레이너로 인식되었다. 덕분에 서울로 가기 위해 퇴사하겠다고 말했을 때, 사장님은 엄청난 급여를 제안하시며 붙잡기도 하셨다. 여러 가지로 부족했던 시절이었기 때문에 트레이닝을 잘하는 트레이너는 아니었지만 평이 좋은 트레이너는 될 수 있었다. 모든 것이 회원들을 반겨주고, 알아봐주고, 관심 가져주는 것에서 시작된다.

여러 개의 지점이 있는 서울 대형센터에 취직을 했을 때도 마찬가지였다. 보통 트레이너들은 자신에게 피티를 등록한 고객에게만 신경을 쓰고, 혼자 회원권을 등록하고 운동하는 사람에게는 인사조차 하지 않는다. 혼자 헬스를 하는 회원들은 트레이너가 어떻게 고객을 상대하고 있는지, 어떻게 피티를 하고 있는지 다 지켜보고 있다. 그런 분들이 피티를 받아야겠다고 생각한다면 인사라도 한번 해주고, 말 한마디라도 걸어준 사람을 택하는 건 당연한 것이다. 헬스장에 있는 모든 사람들은 언젠가 담당트레이너로 선택해줄 잠재고객들인 것이다.

이런 사소한 것들이 잘 되지 않으면 센터의 이미지도 당연히 나빠진다. 회의시간이었다. 지점에는 10명의 트레이너가 있었고, 영업부서까지 합치면 12명이 넘는 사람들이 회의에 참석한다. 점장님은 회원들에게 인사도 밝게 잘하고, 대화도 많이 나누는 분이었다. 그런 분이 회의시간에 표정이 좋지 않았다. 이유는 회원들로부터 기분 나쁜 말을 들었다는 것이다. 내용을 들어보니 "허창현 트레이너 빼고는 다 싸가지 없다."는 말을 들었다는 것이다. 다들 심각한 분위기 속에서 얘기를 듣고 있었지만, 혼자 칭찬을 받은 것 같아서 표정관리가 어려웠던 기억이 난다. 트레이너들에게 투명인간 취급받는 것을 회원들은 기분 나빠 했고, 그걸 회원들이 점장님과 대화하면서 솔직하게 말한 것이다.

악플보다 무플, 무관심이 가장 무섭다는 말도 있지 않은가?

인사라는 것은 가장 쉬우면서도 가장 빨리 사람의 마음을 얻는 방법이다. 초등학생 시절 무관심으로 인해 느꼈던 감정이 지금도 자리 잡고 있다. 어머니께서는 학원을 등록할 때 항상 내 손을 꼭 잡고 같이 갔다. 원장님과 상담 후 입학 날을 정한 뒤 학원에 가는 게 통상적이었다. 한번은 어머니께서 혼자 상담을 마치고 나를 보내겠다고 말씀하신 뒤, 나에게 위치를 설명해주시면서 가서 공부하고 오라고 하셨다. 나는 낯가림이 심했기에 "처음 왔어요." 라고 말을 꺼내지 못하고 문 앞에 멍하니 서있었다. 학원 안은 시끌벅적했고, 선생님처럼 보이는 어른과 눈이 마주쳐도 말 한마디 걸어주지 않았다. 말을 걸어줄 때까지 멍하게 서있다가 그만 집으로 돌아왔다. 그러곤 엄마에게 그 학원에 가고 싶지 않다고 얘기했다. 어린 나이였음에도 무관심이 기분 나빴다. 사실 많은 회원들이 혼자 헬스장 입구 문을 열고 들어오는 것에 어려움을 느낀다. 들어왔다는 것은 용기를 냈다는 것이지만 아는 사람 하나 없는 낯선 분위기에 기가 눌린다. 이런 상황에서 아무도 반겨주지 않으면, 상담도 받기 전에 그냥 돌아서서 나가는 분도 있으시다. 등록을 했더라도 그다음이 문제다. 자신의 운동자세가 맞는지 틀렸는지도 모르겠고, 처음 하는 운동에 부끄러움은 물론 다들 자기를 쳐다보는 느낌 때문에 헬스장은 부담스러운 장소가 된다. 이때 진심으로 반겨주는 트레이너 한 명만 있어도 헬스장을 오는 마음은 분명 달라진다. 회원들은 트레이너와 친해지고 싶어한다. 용기를 내서 다가가서 관심을 가져드려라.

요식업계 백종원 대표의 말에 따르면 대박 음식점이라고 불리는 곳의 성공요인 중 '맛'이 차지하는 비율은 고작 30%에 불과하다고 한다. 분위기, 소리, 냄새, 종업원들의 표정까지 수많은 요인이 상호작용한다는 것이다. 〈골목식당〉이라는 프로그램에서 대구 청년구단이 나오는 편을 봤다. 성공의 기본자세를 테스트해 보겠다며 주어졌던 미션은 바로 '손님 알아보기'였다. 가게에 한 번이라도 들렀던 손님인지 아닌지 맞히는 것이었다. 손님들은 자신을 알아봐주는 곳을 다시 가고 싶어 한다는 게 백종원 대표의 말이었다. 아무리 맛있는 식당이라도 손님이 왔는지 안 왔는지 신경도 쓰지 않고 무표정한 얼굴로 장사하는 곳이라면 다시 찾을 확률은 거의 없다.

음식점으로 예를 들었지만 헬스장도, 트레이너도 마찬가지다. 고객이 하나의 헬스장에서 한 명의 트레이너에게 꾸준히 피티를 받는 이유는 단순히 트레이닝이 만족스럽기 때문만은 아닐 것이다. 어쩌면 트레이닝이 만족스러워서라는 이유는 고작 30%에 불과할 수 있다는 생각이 든다. 아무리 트레이닝을 잘해도, 아무리 시설이 좋아도, 고객을 위하는 마음, 즉 서비스가 없다면 무슨 소용인가 싶다. 예쁘게 말해주고, 조금 성과가 떨어지더라도 잘할 수 있다고 응원해주고 믿어주고, 걱정해주고, 신경써주고, 대화 나눴던 내용을 기억해주고, 고객의 마음을 헤아려줘야 재등록을 해주신다.

서울대 입구 쪽에서 트레이너로 일하면서 나에게 1년 9개월 동안 피티를 받으셨던 분이 있으시다. 퇴사를 하며 위치를 옮기게 돼서 꾸준히 관리해드리지 못했지만 다른 트레이너 선생님에게라도 피티는 계속 받기로 했다. 시간이 어느 정도 지났을 때 청첩장을 주신다고 해서 밖에서 만날 기회가 있었는데 그때 고객님의 말씀이 항상 헬스장 입구에서 자신을 기다려준 내 모습이 가장 고마웠다고 하셨다. 피티가 끝난 후에도 문 앞까지 배웅해 준 것 역시 고마웠다고 말씀하셨다.

피티 숍을 오픈하기 위해 사업자 등록을 하러 갔을 때, 사업자등록증에 종목은 헬스라고 적혀있고 업태는 서비스라고 적혀있었다. 트레이너는 분명 서비스업이다. 피투사 홈페이지에 "진정성으로 소통하겠습니다."라고 적어놓은 것도 초심을 잃지 않기 위해서다. 서비스는 관심에서부터, 말 한마디로부터 시작된다는 것을 잊지 마라.

운동을 대하는 자세

고등학생 1학년 때 헬스장에 처음으로 등록했다. 그때 다녔던 헬스장에는 나보다 한 살 많은 고2 트레이너가 있었다. 한 살밖에 차이가 나지 않는 사람이 팔 둘레는 10센티 이상 차이 나 보였다. 교복을 입고 헬스장으로 출근하는데 팔뚝으로 교복 소매가 터지려고 했고, 튀어나온 가슴근육은 멋있어 보였다. 그때 나도 그렇게 되고 싶다는 생각이 들었고, 헬스라는 운동에 점점 재미가 생기기 시작했다. 가슴근육이 자리 잡아가는 게 뿌듯했고, 학교 친구들이 팔뚝을 만져보며 진심으로 놀라는 표정을 보면서 몸만들기에 대한 욕심은 커져만 갔다. 근육으로 똘똘 뭉친 남자가 되고 싶었다. 버스를 앞문으로 올라탈 때 어깨가 너무 넓어 문에 걸리는 상상까지 했다. 시간이 어느 정도 흘렀을 때 늘 반복되는 패턴으로 운동을 하고 있다는 사실을 알았는데, 이게 맞는 건지 아닌 건지 알 수 없었다. 트레이너는 크게 관심을 가져주지 않았고, 몸만들기도 진전이 없는 것 같아 슬슬 권태로움이 밀려오고 있었다. 헬스장에서 억지로 운동을 할 때쯤 롯데리아 아르바이트를 같이 하자는 친구의 제안에 솔깃해 운동을 접어버렸다.

하지만 아르바이트를 하면서도 머릿속에 미련이 남아있는 듯했다. '헬스를 계속했더라면 지금 난 어떤 몸을 가지고 있을까?'라는 생각도 들었고, 다시 운동이 없던 삶의 볼품없는 몸으로 돌아가고 있는 듯한 기분이 들었다. 운동을 할 때는 자신감이 있었는데 헬스를 그만둔 이후로는 몸에 힘도 없는 거 같고 자존감까지 떨어지는 기분이 들었다. 그래서 나중에 꼭 다시 헬스를 해야겠다고 생각했다. 시간이 흘러 입대했을 때 목표는 몸짱이었다. 이등병 때는 운동을 하고 싶어도 하지 못했고 선임들이 다 자는 불침번 근무를 설 때에만 복도에서 몰래몰래 푸시업을 했다. 일병이 되자 헬스를 할 수 있었고, 마침 후임으로 헬스트레이너 출신이 들어와서 많이 배울 수 있었다. 휴가를 나갈 때면 운동방법에 대한 책들을 사와서 읽고 따라 하는 재미로 살았다. 축구도, 달리기도, 컴퓨터도 흥미가 없었고 오로지 바벨을 드는 것만이 군대 생활의 낙이었다. 중대장이 축구를 좋아했기 때문에 우리 부대는 주말마다 축구를 해야 했다. 잔디구장에서 축구를 했는데 하필 잔디에 물기가 있었는지 달리던 중에 미끄러워 넘어졌다. 어깨뼈가 탈골되는 고통에 운동장이 떠나가라 소리를 질렀다. 무엇보다 운동을 못 하게 될까 봐 무서웠다. 다행히 어깨뼈는 끼워 맞춰졌고 엄청난 통증을 느꼈음에도 불구하고 그날 저녁 나는 웨이트트레이닝을 했다. 전역하는 그날까지 하루 이상 쉰 적이 없다. 고등학생 때 헬스를 한 번 멈췄다가 영원히 멈출 뻔했던 기억이 있어서 다시 만든 운동습관을 잃게 될까 봐 두려웠고 놓고 싶지 않았다.

전역을 하고 현대중공업 하청 공장에서 일을 할 때였다. 버스도 잘 없고 출퇴근이 불편했기에 125cc 스쿠터 오토바이를 구매하게 됐다. 같이 일했던 40대 아저씨 한 분이 내가 오토바이를 구매한 사실을 알고 태워달라고 하셨다. 몸무게가 많이 나가는 분이었는데 갑자기 오토바이에 올라타는 바람에, 앞에 앉아있던 나는 중심을 잃고 쓰러지려는 오토바이를 잡고 버티다가 손목에서 뚝 하고 소리가 났다. 손목은 계속해서 부어올랐고 엄청난 통증이 있었다. 그런데도 운동을 계속하지 않으면 근육이 다 빠질 것만 같은 두려움이 들어서 붕대로 칭칭 감고 고통이 최대한 덜 느껴지는 방향을 찾아 1시간 이상씩 운동을 하는 무식함을 보였다. 운동을 하면서 느끼는 고통은 참을 수 있었지만 하지 않는다는 고통은 스스로 참을 수 없었다. 추석이나 설날 같은 날에도 일일입장이 가능한 헬스장을 찾아다니며 매일 운동하는 습관을 지켰다. 동네 헬스장에서 우연히 마주치는 친구 어머니는 항상 내게 말씀하셨다. "우리 아들도 좀 운동을 했으면 좋겠다."고 말이다. 운동을 꾸준히 한다는 것만으로도 성실한 사람이라는 이미지가 생겼다. 선수처럼 근육이 선명하게 보이고 갈라지거나 하지는 않았지만, 헬스장에 있는 다른 사람들에 비하면 괜찮은 몸이어서 항상 당당했다. 꾸준히 운동하는 습관은 어깨 탈골 수술을 하기 전까지 계속되었다. 심심하면 탈골되는 어깨로 인해 불안감이 생겼다. 신기하게 운동을 할 때는 탈골이 되지 않는데 예비군 훈련을 가서 연습용 수류탄을 던지다 빠지고, 침대에 몸을 던지며 눕다가 빠지고, 팔씨름을 하다 빠지곤 했다. 불안한 마음에 수술을 결심했다. 더 안전하게 운동을 하고 싶어 수술을 한 것이었지만 회복기간은 상상을 초월했다. 푸시업 하나를 성공하는 데 1년이 넘게 걸렸고, 턱걸이 하나 하는 데 2년이 넘게 걸렸다. 또 어깨가 빠질까 봐 불안해서 힘을 제대로 쓰지 못한 결과였다. 수술을 한 지 7년이 됐지만 아직까지 수술했던 오른쪽 어깨는 왼쪽에 비해 힘이 들어가지 않는 느낌도 있고, 특정 움직임 범위가 제한되는 등 양쪽 밸런스에 분명한 차이가 있다.

어깨가 어느 정도 회복을 했을 때 트레이너라면 대회도 나가고, 보디 프로필 사진도 있어야 할 것 같은 기분이 들었다. 아무래도 몸이 좋아야 고객들에게 신뢰를 얻을 수 있을 것 같았고, 대회경력이 있으면 조금이라도 나를 더 인정해줄 줄 알았다. 보디빌더 대회 날짜와 보디 프로필 촬영 날짜를 동시에 잡고 제대로 된 다이어트에 들어갔다. 하루 세끼를 꼬박꼬박 규칙적인 시간에 먹으려고 했고, 야식과 튀김은 4개월 동안 한 번도 먹지 않았다. 하루 1시간 30분 정도씩 웨이트트레이닝을 지속했고, 내심 입상에도 희망을 걸었지만 대회 당일 선수들을 보니 참가에만 의의를 둘 수 있는 몸이라는 걸 알았다.

보디빌더 선수와 같이 운동할 수 있는 기회가 생겨 1시간 동안 하체운동을 함께했는데 그때 지금껏 내가 해왔던 운동은 운동이 아니었다는 걸 깨달았다. 선수생활도 꿈꿨던 나였지만, 내가 생각하는 운동이 즐거움과 활력의 수단이라면 보디빌더가 해야 하는 운동은 숙명이었다. 한계를 넘고 넘는 고통 속에서 스스로 즐거움을 찾는 행위였다. 작은 변화를 위해 상상을 초월하는 고통을 견뎌야 하는 것이다. 알고 지내던 보디빌더 선수가 내게 같이 운동을 하자고 제안했다. 입상을 목표로 몸을 만들어주겠다는 것이었다. 생각해보겠다고 말하고 내가 정말 보디빌더 선수가 되고 싶은 건지, 선수들을 관리해주는 트레이너가 되고 싶은 건지에 대해서 진지하게 생각해봤다. 내가 운동이라는 것에 목숨을 걸 수 있을까?

한때 트레이너라면 모두 선수 같은 몸을 가져야 한다고 생각했었다. 하지만 보디빌더와 트레이너는 분명 다른 직업이다. 고통을 피하고 싶은 핑계처럼 들릴지도 모르겠다. 확실한 건 나는 대회를 준비하는 시간이 즐겁지 않을 것 같았고 자신이 없었다. 정상급에 있는 선수들을 보며 저 사람들과 어깨를 나란히 경쟁한다는 것도, 먹고 싶은 것을 다 참고 운동이 1순위가 된다는 것도 내게는 아닌 것 같았다.

트레이너인 나 역시 한계를 뛰어넘는 고강도의 운동은 싫다. 땀 흘리고 난 후의 개운하고 정신이 맑아지는 기분만 즐기고 싶을 뿐이다. 살아있다는 느낌이 내가 운동을 하는 이유다.

피티를 받는 분들 중에 운동을 좋아해서 등록을 하는 사람은 찾아보기 힘들다. 보통 운동은 싫지만 몸이 약해져서 어쩔 수 없이 시작하거나, 심각한 건강검진 결과를 보고 운동을 시작하는 사람들이 많다. 혹은 허리가 아파서, 움직임이 불편해서 운동이라도 하면 좀 낫지 않을까 싶어서 지푸라기라도 잡는 심정으로 운동을 시작하는 분들이 대부분이다.

이런 분들에게 선수들도 겨우 견디는 강도로 운동을 시킨다는 것은 운동을 더 싫어지게 만들 뿐이다. 고객에게 비포애프터를 보여주기 위해 무작정 강도 높은 운동을 시키는 것은 부작용을 낳는다. 트레이너라면 비포애프터를 빨리 느끼게 해주는 것이 최고의 성과라고 생각할지 모르겠다. 하지만 고객을 위해서는 비포애프터도 좋지만 운동하는 시간을 즐겁게 만들어드리는 것이 더 의미 있는 일이다. 운동을 시작했더니 잡생각이 들지 않아 스트레스가 풀리고, 옷을 입었는데 태가 달라져 있고, 엘리베이터가 고장 나서 14층까지 올라갔는데도 아무렇지 않고 멀쩡하고, 없던 이성친구가 생긴 것이 최고의 비포애프터라 생각한다. 꼭 외형적인 결과에만 집중하지 않았으면 좋겠다. 그것은 고객이 즐긴다면 자연스럽게 따라오는 결과다. 감히 말하지만 내 욕심으로 오버트레이닝을 시켜서 고객이 꾸준히 운동을 나왔던 적은 한 번도 없다.

운동의 목적은 삶의 활력이다. 고객에게 활력을 느끼게 해야 한다. 스트레스에 심하게 노출된 세상이다. 트레이너는 보디빌더 선수 같은 몸을 가져야 한다는 압박은 받지 않아도 된다. 고객만족을 1번으로 생각하는 트레이너가 되고 싶은 것인지, 내 몸을 1번으로 생각하는 보디빌더가 되고 싶은 것인지 잘 생각해서 진로를 정해야 한다.

물론 근육질의 몸이 신뢰를 쌓는 데 어느 정도의 도움은 된다. 하지만 딱 거기까지다. 피티를 잘하는 것과 자신이 운동을 잘하는 것은 완전히 다르다. 나는 몸짱 트레이너가 아니다. 어깨 탈골 수술로 인해 6년이 지난 지금도 과한 무게를 들면 불안하다. 자전거 타다 넘어져서 무릎 후방십자인대가 거의 다 끊어진 상태이며, 회복하는 과정에서 근육을 모두 잃어 다리근육의 밸런스도 심하게 짝짝이다. 그래서 하체운동은 악화되는 걸 방지하기 위한 재활운동만 진행하고 있을 뿐이다.

하지만 보디빌더 같은 몸이 아니라 해서 그분들보다 트레이닝을 못한다고 생각한 적은 없다. 어쩌면 완벽하지 못한 몸 때문에 더 공부를 하고, 고객을 더 생각할 수 있었던 건 아닌지 모르겠다. 고객과 상담을 하면서 내 몸을 보여주며 신뢰를 가지라고 말하지 못하지만 고객을 어떻게 관리해드릴 건지는 확실하게 말할 자신이 있다. 고객에게 중요한 것은 트레이너의 몸이 얼마나 좋은가가 아니라, 자신에게 어떻게 대해줄 것인가이다.

고객이 있어 성장했다

다이어트를 하는 사람은 하루빨리 체지방이 빠지길 바라고, 체력 증가가 목표인 사람은 하루빨리 운동수행능력이 증가되기를 바란다. 사실 운동을 한 번도 해보지 않았거나, 싫어하는 사람에게 피티 시간은 고통 그 자체일 수 있다. 50분 피티 수업이 끝난 후 러닝머신이라도 하면 좋을 것 같았지만 피티 수업 때도 없는 힘을 쥐어짜내며 버틴 분들에게는 유산소운동을 최대한 빼드렸다. 수업 이후 추가 운동은 빼드리고 수업 때만큼은 최대한 칼로리가 소비되도록 스쿼트, 런지, 벤치프레스, 바벨로우, 데드리프트처럼 동작이 크고 많은 관절이 사용되는 운동을 위주로 프로그램을 짰다.

기억에 남는 고객님이 한 분 있으시다. 피티를 받아보셨던 분으로 살집이 있는 편에 속하는 여대생이었다. 하루 이틀은 웃으면서 운동을 하셨는데, 시간이 쌓일수록 표정이 좋지 않다는 것을 느꼈다. 기분 안 좋은 일이 있냐고 물어도 아니라고 말씀 하시며 말 한마디 없이 억지로 운동을 하셨다. 나도 사람이다 보니 그분과 수업할 때는 시간도 가지 않고 힘도 쭉쭉 빠지는 기분을 느꼈다. 며칠이 지났을까 갑자기 화가 섞인 목소리로 왜 자꾸 똑같은 운동만 시키냐고 말씀하셨다. 안 그래도 하기 싫은 운동인데 지루하고 재미없게 계속 똑같은 것만 반복하냐는 말이었다. 갑작스레 폭발하듯이 말씀하셔서 당황하기는 했지만 정중히 설명드렸다. "고객님께서는 다이어트를 목적으로 오셨는데, 수업 이후에는 유산소운동을 할 힘이 없으셔서 가능한 한 수업시간에 많은 칼로리를 소비하게 해드리려고 재미보다는 효율을 선택했습니다."라고 말이다. 납득은 하는 눈치였지만, 여전히 표정은 좋지 않았다. 생각해보니 내 프로그램에는 고객의 입장이라는 것이 빠져있었다. 고객을 위한 방법이라고 생각했던 것이 사실은 모두 트레이너의 입장일 뿐이었다. 고객은 짜증이 났고, 지루했고, 그렇지 않아도 싫은 운동이 더 싫어지는 시간이 됐을 것이다. 체지방 몇 % 감량, 체중 몇 kg 감량을 목표로 하는 것보다 우선 고객이 흥미를 느낄 수 있게 만드는 것이 먼저다. 아무리 운동이 싫다고 말하는 사람도 애플힙을 가지고 싶다는 작은 소망 덕분에 엉덩이 자극이 되는 운동은 재밌게 느끼신다. 자신이 원하는 모습이 그려지기 때문이다. 팔이 굵어지고 싶다는 남자분에게 이두와 삼두 운동은 하지 말라고 해도 하고 싶은 운동인 것이다.

나도 마찬가지였다. 무조건 큰 가슴근육에 대한 욕심이 있었기 때문에 휴식할 때 근육이 성장한다는 것을 알고 난 이후에는 격일로 빠짐없이 가슴운동을 했었다. 시간이 지나자 넓은 등

근육에도 관심이 생겼고 복근, 하체로 관심사가 넓어졌다. 깨달음 이후 프로그램을 짤 때 다양성이라는 것을 꼭 염두에 둔다. 프로그램 수정 후 항상 인상을 쓰고 계셨던 그분도 웃으면서 운동을 했다. 다른 사람과 수업을 하고 있는 느낌이었다. 운동 결과도 자연스럽게 따라왔다.

"유명한 트레이너보다는 유능한 트레이너가 돼라." 트레이너 교육기관에서 공부를 할 때 항상 들었던 말이다. 이 말이 항상 머릿속에 박혀있다. 사실 50분 수업으로 고객을 변화시키는 것에 많은 어려움이 있었다. 식습관도 고쳐드리고 매일매일 운동을 할 수 있게 만들어드리고 싶었지만, 맵고 짠 음식을 좋아하는 사람, 운동이라는 것이 생활 자체에 없던 사람을 변화시킨다는 것은 쉬운 게 아니었다. 수업이라도 잘 나오면 다행이었다. 보통 주 2~3회 정도 하는 수업을 하루만 나오지 않아도 운동량이 확실하게 줄어들었고, 결석이 있는 주에는 식습관 패턴도 무너지기 마련이었다. 한 번만 멈춰도 다시 습관처럼 운동을 나오게 되는 것이 힘들어진다. 가장 어려운 점은 일주일이 168시간인데, 그중 딱 2시간만 운동을 하고 효과를 바라는 고객이 많다는 것이다. 식습관 패턴이라도 잘 고쳐지면 가능성이 있겠지만 그것도 쉽지 않다. 사실 2시간의 운동효과는 나머지 166시간의 관리에 달려있다. 조금이라도 도움이 되기 위해 식단을 철저히 관리해보자고 해도 먹지 않으면 좋은 음식들만 잔뜩 적은 노트를 들고 오는 분들도 많왔다. 운동은 할 만하다 하시면서도 식단조절은 절대 하지 못하겠다는 분도 많았다. 이런 분들에게는 덜 먹게 하거나, 더 움직이게 하거나 둘 중 하나를 선택하게 해드려야 한다.

　　매번 닭 가슴살에, 채소에, 현미밥만 먹는다고 적혀있는데 다이어트가 전혀 되지 않던 분이 있었다. 식단이 기록된 노트를 보면서 고객에게 항상 칭찬을 해드렸지만, 체중은 물론 줄자로 팔뚝, 복부, 허벅지 치수를 측정한 것조차 거의 변화가 없었다. 잘하고 있다, 변할 거다, 조금만 더 힘을 내보자고 격려했지만 나조차 확신이 들지 않았다. 고객은 이런 속마음도 모른 채 더 열심히 하겠다며 말씀하셨다. 운동도 꾸준히 잘하시는데 4개월 동안 아무런 체중 변화가 없는 것에 답답함을 느꼈다. 피티를 하기 전에는 식욕억제제부터 굶는 다이어트, 단백질만 먹는 다이어트도 했던 분이었다. 이런 분들은 변화가 느릴 수밖에 없다는 사실은 이미 알고 있었다. 굶는 다이어트나 단백질만 먹는 다이어트를 하던 분이 5대 영양소가 갖춰진 식사를 하게 되면 살이 찌는 느낌을 받을 수밖에 없다. 몸에 에너지 창고(글리코겐)가 비어있어 탄수화물이 들어오면 에너지 창고부터 채우게 되기 때문이다. 탄수화물이 에너지(글리코겐)로 저장될 때는 3배의 수분이 함께 저장되기 때문에 체중이 늘어나게 되는 것은 초기에 예상할 수 있는 변화였다. 하지만 식욕억제제(신경전달물질 호르몬), 굶는 다이어트 등등으로 신진대사기능이 떨어져 있다 하더라도 4개월이면 신체기능이 안정적으로 변했을 시간이어서 외적 변화를 기대할 만한 시점이었다. 건강한 외적 변화는 내적 변화를 수반한 이후에 나타나는 것이기에 이제는 외적 변화가 나타나길 간절히 바랐다.

외적 변화가 생기지 않는 이유를 여러 가지로 갑상선기능저하증까지 의심해보았다. 갑상선호르몬의 주된 기능은 에너지 대사기능 촉진이다. 에너지 대사를 돕는 갑상선호르몬은 전체 에너지 대사의 30~50%를 담당하고 있다. 이 기능에 문제가 있다면 운동을 해도, 대사기능이 저하돼 있어 지방분해가 잘 일어나지 않을 수 있다. 조심스럽게 고객님에게 병원에 가서 검사를 해보라고 권했다. 그런데 고객님은 걱정하는 내 모습이 안쓰러웠는지 입을 여셨다. 사실 나를 실망시키고 싶지 않아서 그동안 식단일지를 거짓으로 작성하고 있었다는 것이다.

고객님과 조금만 더 친밀하게 소통했더라면 얼마나 좋았을까 싶었다. 한 명의 케이스는 또 다른 고객님의 케이스가 될 수 있는 것이다. 부담 없는 관계, 숨길 필요가 없는 관계의 트레이너가 되고 싶었다. 그날 이후로는 식단에 대한 압박을 크게 주지 않았다. 사실 다이어트 없이 잘 먹으면서 운동으로 감량하는 것이 담당 트레이너로서 가장 뿌듯한 것이다. 피티를 받을 때 양을 줄이며 관리를 하는 사람들은 피티가 끝나면 다시 옛날 패턴으로 돌아갈 확률이 90%는 넘는 것 같다. 꾸준히 지속할 수 있는 식단과 음식량을 알아내는 것이 중요하다. 밴드 어플을 통해 식단 사진을 올려달라고 한 뒤 추가로 꼭 말씀해드리는 것이 있다. 자신이 생각해도 식단이 무너진 날은 꼭 운동을 나와 달라는 것이다. 반대로 식단이 무너지지 않고 자신이 생각해도 잘 지켜진 날에도 꼭 운동을 나와 달라는 것이다. 습관으로 만들기 위해서다. 물론 부담스러워하는 분도 있다. 그러면 주 4회나 주 3회 운동을 하는 경우에 맞춰 음식량을 조절해드린다.

　　많은 사람들을 만나다 보니 운동을 꾸준히 나오는 게 가능한 사람, 야근이 많아서 꾸준히 나오는 게 그것이 불가능한 사람, 식단관리가 쉬운 사람, 식단만큼은 자기 방식대로 하고 싶은 사람, 활동적인 운동이 좋은 사람, 근력운동이 좋은 사람, 집에서는 혼자 할 수 있겠지만 헬스장에서는 혼자 운동하고 싶지 않은 사람 등등 많은 케이스가 있다. 주 2회만 수업을 나와도 효과를 볼 수 있을 거라고 사탕발림하는 것보다 주 3회, 4회 운동을 하실 수 있도록 도와드리는 게 좋고, 음식량이 많은 사람에게 줄여달라고 말하는 것보다 더 강도 있는 운동을 하실 수 있게 만들어드리는 게 좋다. 또 혼자 헬스장에 나오기 힘들어하는 분에게는 자세가 잘 나오는 운동을 영상으로 찍어서 보내드리고 집에서라도 하실 수 있게 해드리는 게 좋다. 수업시간에 대화하는 것을 싫어하는 분은 오직 운동에만 집중할 수 있게 해드리고, 대화를 하면서 스트레스를 풀기 원하는 분과는 많은 대화를 나눈다. 담당 트레이너의 관심을 스트레스나 압박으로 받아들이는 사람도 있기 때문에 관심을 자제해야 할 때를 알아야 한다. 반면, 관심을 원하는 분에게는 항상 주기적으로 연락하고 표현해드려야 만족도가 올라간다. 모든 사람에게 똑같이 말하고 응대하는 것은 바보 같은 행동이다. 그러면 고객님의 호불호가 심하게 갈리게 될 것이다.

운동자세가 나오지 않는 분에게는 더 쉬운 운동을 찾아 지도해드리는 것이 좋고, 잘할 수 있게 칭찬을 해드리는 것도 좋은 방법이다. 안 되는 것에 대해서 계속 지적하는 습관은 트레이너라면 절대 하지 말아야 될 행동이다. 그러면 고객은 스트레스를 받고 운동수행능력도 떨어진다.

운동을 단 한 번도 해보지 않은 30대 중반의 고객 한 분이 오셨다. 잘 따라 할 수 있을지 모르겠다며 걱정이 많은 분이었다. 앉았다 일어나기 한 번에도 다리가 후들후들했지만, 운동신경이 좋은 편이라고 말했다. 대부분 골반관절이 뻑뻑해서 스쿼트 자세가 잘 나오지 않는데, 회원님은 자세가 바로바로 나온다고 말했다. 없는 말을 지어서 한 것이 아니다. 사실만 가지고 좋은 방향으로 얘기를 했다. 손에 반지 3개, 팔찌, 귀걸이까지 착용하고 트레이닝복도 신경 써서 입고 오시는 분이었다. 트레이닝복이 잘 어울린다고 칭찬해드리고, 하체에 비해 상체 힘이 좋았기 때문에 팔 근력이 좋다고 말씀해드렸다. 그러자 고객님의 얼굴에 웃음꽃이 피어났다. 저체중에 마른 몸이라 하체를 조금 더 굵게 만들고 싶어 하셨는데 이 운동을 많이 하면 청바지와 레깅스 태가 많이 달라질 거라며 동기부여 했다.

운동신경은 누구나 하면 할수록 좋아지고 근력도 생기게
된다. 사람은 인정받았을 때, 칭찬받았을 때 더 큰 욕구가 생기고
하나라도 더 할 수 있는 힘이 생긴다. 낯가림이 심한 사람도 진실
한 관심과 칭찬 한마디에 마음을 연다. 지금 담당하고 있는 고객
과 같은 성격의 고객을 또 만나게 될 것이다. 지금 고객을 만족시
킨다면, 다음 고객도 만족시키게 될 것이다. 한마디 한마디 귀담
아 듣고 표정도 살피며 관찰하고 기억해둬라. 그리고 변화된 것
을 찾아 칭찬해드려라. 나만의 고객관리 비법이다.

트레이너의 본질

운영하고 있는 피투사 숍에는 다양한 트레이너가 있다. 같이 동업을 하고 있는 박진규 트레이너는 신기할 정도로 오래된 고객이 많다. 1년 이상 꾸준히 재등록을 받으며 담당 트레이너와 고객 간의 관계를 유지하고 있다. 약 2년 동안 꾸준히 박진규 트레이너에게 피티를 받았던 고객님 한 분이 있었는데 다른 운동을 배워보고 싶다며 그만둔 고객님이 있으시다. 박진규 트레이너도 2년 동안 했는데 이대로 끝나서 아쉽다며 시원섭섭해하는 모습이었다. 그런데 두 달 정도 지났을까? 그 고객님이 다시 돌아왔다. 필라테스를 배우려고 1:1 트레이닝을 받았는데 박진규 트레이너가 계속 생각났다는 이유에서였다. 행동 하나하나에서 자신을 대하는 태도가 심하게 비교가 됐다는 것이다. 나는 그 고객님이 필라테스보다 피티가 더 잘 맞는 사람이라서 그랬다고 생각하지 않는다. 사람 대 사람으로 더 편하고, 끌리고, 진실성 있게 대해준 사람을 선택한 것이다.

2년이 넘는 시간 동안 같이 일하다 보니 어떻게 수업을 하는지, 무슨 대화를 하는지, 매일같이 보고 듣게 된다. 한번은 궁금해서 물어봤다. 어떻게 고객을 1년 이상 꾸준히 유지할 수 있는지 노하우를 알려달라고. 하지만 박진규 트레이너는 자기도 잘 모르겠다는 순수한 표정을 지으며 "글쎄요, 잘 모르겠어요."라고 대답했다. 그러면서 덧붙이는 말이 있었는데 "어떻게 선생님은 그렇게 기억력이 좋아요?"라는 말을 자주 듣는다는 것이다. 그 말을 듣고 보니 박진규 트레이너가 수업을 할 때면 고객님의 입에서 "어떻게 이것도 기억해요?"라는 말을 하는 것이 자주 들리는 것 같았다.

『어쩌다 도구』라는 책의 저자인 이재덕 작가는 사람의 기억은 날짜순이 아니라 의미순으로 저장된다고 했다. 엊그제 점심에 무엇을 먹었는지는 기억 속에서 잊힌 지 오래지만, 트레이너로 첫 출근했던 날짜, 국가 발급 자격증을 취득했을 때의 감정, 처음으로 피티를 등록해준 고객의 이름 등 이런 것들은 6년의 시간이 지난 지금도 절대로 잊히질 않는다. 박진규 트레이너는 아마 고객과의 대화를 의미 있게 생각하고 진심으로 소통했기 때문에 고객의 사소한 것까지 기억하는 게 아닐까 싶다. 그저 시간을 때우기 위해 했던 대화라면 기억했을 리가 없다. 고객에게 진심으로 관심을 기울이고 대화를 나누지 않았다면 당연히 기억하지 못했을 것이다. 작은 대화도 의미 있게 대하는 자세가 지금의 박진규 트레이너를 만든 것이라고 믿는다. 앞서 백종원 대표가 대박 음식점이라고 불리는 곳의 성공요인 중 '맛'이 차지하는 비율은 고작 30%에 불과하다는 말이 다시 떠오른다. 이 말을 조금 바꿔서 "트레이너가 고객을 만족시키는 것에 있어 '트레이닝'이 차지하는 비율은 고작 30%에 불과하다."

피투사에는 재활전문 트레이너가 있다. 당연히 다이어트 트레이닝도 잘하는 선생님이다. 결혼을 앞둔 고객님 한 분이 있으셨는데, 결혼식 전까지 남은 시간 동안 꾸준히 출석하며 트레이닝을 받기 시작했다. 결혼식을 올리는 날이 다가왔을 때 고객님은 변화된 모습에 만족해하면서 담당 트레이너에게 감사함을 표현했다. 트레이너는 어떤 게 감사하냐고 되물었고, 고객님은 살을 빼줘서 고맙다고 하셨다. 그러자 담당 트레이너는 그걸 고마워하면 안 되고, 아팠던 허리와 무릎 통증이 사라진 것을 더 감사해야 된다고 하셨다. 하지만 고객님이 감사를 표현했던 이유는 결국 트레이너와 보냈던 시간이 좋은 기억으로 남았기 때문이다. 그렇지 않다면 살이 빠져도 트레이너에게 진심으로 고맙다고 표현하지 않는다.

세상에는 다양한 사람들이 많다. 정말로 비포애프터 결과에만 관심이 있는 사람이 있고, 반대로 과정에 의미를 두는 사람도 있다. 하루하루 운동을 했다는 것만으로도 큰 만족감을 느끼는 사람도 많이 있다. 2년 동안 함께하고 있는 고객님 한 분이 있으시다. 유치원 선생님이신데 다른 곳에 비해 업무가 많아 늘 힘들어하셨다. 등록한 첫 달에는 열정이 넘치셔서 잘 나오셨는데, 시간이 흐르다 보니 피곤하다, 힘들다는 이유로 운동을 잘 나오지 않으셨다. 수업 약속을 한 번씩 미루더니 나중에는 습관적으로 계속 수업을 미루셨다. 꼭 살을 빼고 싶다고 말씀하셨는데, 얼굴을 볼 수 없으니 도움을 드릴 방법이 없었다. 시간이 지나 다시 운동을 하러 나오셨을 때 제안을 드렸다. 꾸준히 운동을 할 수 있게 도와드리기 위해 파격적인 제안을 했다. 개인운동을 포함해서 한 달에 17번 출석을 하면 서비스 피티 수업을 5개 더 드린다고 했다. 당연히 내기에서 졌을 때는 고객님도 손해를 보는 방향으로 게임을 시작했다. 이런 내기 제안 때문이었을까? 고객님은 정확히 17번 출석하셨다. 다음 달에도 똑같은 내기를 진행했고, 고객님이 2달 모두 이기셨다. 이 정도면 운동습관이 자리 잡을 수 있을 거라고 생각했는데 나의 착각이었다. 시간이 지날수록 문을 열고 들어올 때의 표정이 나빠지더니 운동을 하고 집에 가서 더 많이 먹고 있다는 사실을 알았다. 당장 내기를 종료했다. 살을 빼고 싶은 마음이 간절하다면 힘들더라도 운동을 해야 하고 스트레스를 이겨내야 하는 것은 맞다. 하지만 고객님은 시간이 될 때마다 가끔 연락을 주고 나와서 운동을 하고 싶다고 하셨다. 지금은 한 달에 겨우 2번 나오는 달도 있고, 4번 나오는 달도 있다. 그런데도 고객님은 저번처럼 압박을 주지 않고 자유롭게 해주는 것에 감사하다고 표현하신다. 볼 때마다 오랜만에 만나서 반가움이 두 배다. 그 결과 지금은 친구처럼 편안한 관계를 유지하고 있고, 운동도 지속되고 계신다. 이번에 결혼 날짜가 잡혔다. 전주에서 하는데 당연히 가겠다고 했다. 생애 단 한 번뿐인 결혼식에서 만큼은 변화된 모습을 보고 싶으니 비포애프터에 조금 더 욕심을 내보자고 말하고 있다.

트레이너도 사람이고, 고객도 사람이다. 결국 피티의 본질은 사람이다. 관계 우선의 법칙이라는 것이 있다. 제품만 우선으로 하는 기업은 한계가 있다는 것이다. 제품도 중요하겠지만 고객과의 관계가 더 중요하다는 소리다. 트레이너에게 제품은 트레이닝이라고 할 수 있는데, 트레이닝도 고객과의 관계가 좋을 때 의미가 있다는 것이다. 그래서 트레이닝을 잘하기 위해서는 인성이 필수요소다. 고객님을 더 많이 변화시킬 수 있는 기회는 오직 관계에서 나온다.

한 달에 7킬로그램을 감량하면 당연히 고객님이 재등록할 것이라고 착각하지만, 트레이너가 마음에 들지 않으면 더 이상 추가 등록은 없을 것이다. 나는 고객의 마음만 얻으면 트레이닝 실력은 필요 없다고 말하는 것이 아니다. 당연히 트레이너는 트레이닝으로 만족시키는 것이 필수다. 하지만 더 큰 변화를 만들고 싶다면 고객과의 관계를 더 좋게 만들어라. 고객을 위한다면 더 큰 만족을 주기 위해 트레이닝 공부도 끊임없이 할 것이고, 고객을 관심 있게 보면서 필요한 것을 해드리려 애쓰며 찾게 될 것이다. 고객은 그런 마음을 감사해한다.

한 가지 팁을 주자면 고객과 약속된 시간을 트레이너가 진심으로 기다리는 사람이 돼라. 소통이 하고 싶어서 소통을 하고, 하나라도 더 알려주고 싶어서 알려주는 사람이 돼야 한다. 50분 수업이 땡 끝났다 해서 바로 마치려 하지 말고, 운동이 너무 잘되는 날 같으니 하나만 더 하자고 말하며 시간을 더 투자할 날도 있어야 한다. 대형센터에 있을 때 팀장님은 항상 고객을 자신의 여자친구라고 생각하고 트레이닝을 한다고 했다. 처음에는 변태 같은 소리라고 생각했지만 그 팀장님은 정말 고객에게 더 잘해주고 싶어 하는 마음이 내 눈으로도 보였다. 역시나 고객들은 끊임없이 재등록을 했다.

고객이 술을 먹어도 되냐고 물으면 무조건 안 된다고 말하고, 회식을 한다고 하면 채소만 먹으라고 하는 트레이너들을 많이 본다. 고객님이 술을 많이 먹기로 예정된 날에는 술을 '조금만 드세요!'라고 연락을 넣는 것보다 기프티콘으로 편의점에서 판매하는 컨디션을 하나 보내는 게 더 효율적이다. '오늘 식사는 조금만 하세요.'라고 말하는 것보다 '오늘은 피티 수업이 있는 날이니까 점심 많이많이 드시고 이따가 에너지 넘치는 모습으로 만나요!'라고 말하는 게 더 효율적이다. 아침식사를 죽어도 하지 않는 사람에게 아침 좀 먹으라고 말하는 것보다 편의점에서 파는 낱개 바나나를 사서 내일 아침에 챙겨 먹고 출근하라고 드리는 것이 더 좋다. 운동습관뿐만 아니라 건강하게 먹는 식습관도 가져야 한다고 진심을 표현해라. 그저 말만 하는 것은 고객의 입장에서는 스트레스일 뿐이다. 진심으로 고객이 변화되길 원한다면 행동으로 보여줘야 한다. 진심은 통하기 마련이니 고객을 위하는 마음만 있다면 그 마음이 전달된다.

마지막으로 자세가 나오지 않던 동작이 잘 나오게 되면 콕 집어서 칭찬을 해드리면 좋다. 관심 있게 보고 있다는 게 확인되는 순간이기 때문이다. 또 처음으로 개인운동을 나온 날에는 최선을 다해서 반겨주고 고마움을 표현하라. 고객은 혼자가 아니라 트레이너와 함께하고 있다는 것을 느꼈을 때 담당 트레이너에게 실망감을 주지 않기 위해서라도 더 노력하게 된다.

회원관리와 마케팅

—

PART 4

오직 기록

위 사례에서 봤듯이 사람들은 분명 자신이 했던 말을 기억해주고 있으면 감동한다. 이 말을 반대로 하면 했던 말을 또 하게 하는 사람에게는 실망할 수 있다는 뜻이다. 했던 말을 잊어버리고 여러 번 반복해서 말하거나 들은 말을 여러 번 잊어버리면 신뢰까지 잃을 수 있다.

하루에 많게는 10명씩 고객을 만나다 보니, 말하는 것도 중복될 때가 많고 했던 말을 기억하지 못할 때도 많다. 들은 말조차 누구한테 들은 말인지 헷갈릴 때가 많다. 어느 순간 "저번에 말했잖아요."라고 말하는 고객이 생기기 시작했고, 한번은 매일 똑같은 말을 처음 하는 것처럼 한다며 당황스러움을 표시한 고객도 있었다. 많은 사람들을 만나다 보니 그럴 수 있다고 넘어가려 했지만 점점 더 심해졌다. '아차' 싶었다. 내 기억력은 한계가 있었고, 똑같은 말을 되풀이하지 않으려다 보니 아무 말도 하지 못할 정도로 눈치를 보게 됐다. '저번에 했던 말이면 어쩌지?' 하며 걱정하게 됐고 '제가 저번에 이 말을 했었나요?'라며 확인하려는 습관까지 생기고 있었다. 대수롭지 않게 여길 수도 있지만, 어떤 사람이 말을 하기 전에 "제가 그때 이 말을 했었나요?"라고 매번 묻는다면 어떨지 생각해보라.

문제를 문제로 받아들여야만 했다. 기억력을 믿지 않기로 결정했고, 기록만이 살길이라는 사실을 깨닫게 됐다. 트레이닝을 하다 보면, 고객들이 알아야 할 기본지식이 있다. 근육은 쉴 때 성장한다는 것처럼 상식적이며 필수적인 내용과 기본 식단에 대한 개념 등 어느 정도의 교육이 필요했다. 예를 들어 탄수화물, 단백질, 지방이 어떻게 에너지로 사용되는지 알려드려야 했다. 평상시에 사용되는 에너지원은 탄수화물이고 우리 몸에 저장된 에너지원은 지방이라는 것, 탄수화물을 섭취하지 않으면 지방이 제대로 탈 수 없는 시스템을 가지고 있고, 탄수화물이 몸에 없을 때는 단백질이 탄수화물로 전환된다는 점, 단백질이 탄수화물로 전환될 때 근육단백질이 분해되어 탄수화물로 변한다는 점 등을 이해시켜야 한다(근육 손실의 원인). 이렇게 탄수화물의 기능에 대해서 얘기해드렸다면 고객관리 파일에 탄수화물 설명 완료라고 적어가기 시작했고, 단백질 설명을 드렸어도 단백질 설명 완료라고 적어놓기 시작했다.

또 근육은 사용하면 사용할수록 잘 쓰게 된다는 사실도 알려드릴 필요가 있다. 근육은 많이 써봐야 잘 쓰게 된다는 것은 JYP 대표 박진영의 말을 예로 들어 설명해드린다. 박진영은 춤을 추면서 '왜 왼손과 왼발은 오른손, 오른발에 비해 자유자재로 사용하지 못할까?'라고 생각했고, 이를 개선하기 위해 모든 일상생활에서 왼발과 왼손만 이용했다. 6개월 동안 양치질을 왼손으로 하는 것은 물론 운전도 왼발만 사용했다. 양치를 할 때 잇몸도 많이 상하고 운전할 때는 여러 번 사고를 낼 뻔 했지만 지금은 양손잡이, 양발잡이가 됐다고 말한 적이 있다. 고객들은 이런 얘기를 들으면서 같은 운동을 반복해야 하는 이유와 꾸준히 근력운동을 해야 하는 이유를 납득한다. 엉덩이근육과 등근육은 일상생활에서 잘 사용되지 않기 때문에 근육을 사용하는 방법을 잊어버린 근육이다. 그래서 이런 근육들은 운동을 통해 계속 사용해야만 한다. 나는 이런 얘기들을 한 고객에게 똑같이 반복하지 않기 위해 고객관리 파일에 체크를 해둔다. "JYP 운동신경 얘기 완료."

트레이너마다 식단조절 방법이 다른데 나는 아침, 점심, 저녁을 잘 챙겨 먹으면서 운동하길 권한다. 또한 혼자서도 무슨 운동을 해야 할지 감을 잡을 수 있길 바란다. 매일 강도 있는 스쿼트를 하는 것보다 하루 정도 휴식해주면 좋다는 설명을 드렸기에 고객이 스스로 알아서 개인운동에 적용하기를 바란다.

체력과 근력이 좋아져서 중량을 올리면서 트레이닝을 해야 할 때는 운동신경에 대해서도 설명해드린다. 5킬로그램의 무게를 올렸다 내렸다 할 때는 우리 몸의 센서가 딱 5킬로그램까지만 통제할 수 있도록 근육을 동원한다. 따라서 조금씩 무게를 증가시켜 가야만 사용되는 근육이 점차 증가된다. 동원되는 근육이 늘어나야 힘이 생긴다. 무게를 올려주지 않으면 이미 만들어진 근육들만 동원되므로 근육이 더 이상 늘지 않는다.

꾸준한 운동습관을 자리 잡게 하기 위해 항상성이라는 개념도 설명해드린다. 우리 몸에는 항상성이 있어서 현재 상태를 유지하려고 한다. 덥든 춥든 36.5도의 체온을 유지하는 것과 같은 이치다. 10년 동안 체중을 유지해온 사람이라면 매일 같은 양을 측정해서 먹거나 같은 양의 운동을 반복하지 않는데도 불구하고 같은 체중을 유지한다. 60kg인 사람은 60kg을 유지하려는 항상성이 적용되는 것이다.

100kg로 세팅되어 있던 몸이 60kg으로 재설정되려면 시간이 필요하고 지속적인 관리가 필요하다. 100kg의 체중으로 살던 습관을 완전히 벗어던지고 노력해서 만든 습관들, 즉 운동하는 습관이 자리 잡아야 예전으로 돌아가지 않는다. 큰돈과 시간을 투자해서 변화에 성공했는데, 중단해서 다시 예전의 모습으로 돌아가길 원하는 사람은 없을 것이다.

20회의 피티를 해서 60kg의 고객이 55kg이 됐다고 하자. 이때 피티가 끝났다고 운동을 하지 않는다면 60kg로 돌아갈 확률이 매우 높다. 그래서 혼자서도 운동을 할 수 있도록 도와드린다. 피티가 끝나도 운동을 계속하는 사람들을 보면 가장 큰 보람을 느낀다. 피티를 할 때 바뀐 체중을 피티가 끝난 후로도 계속 유지하며 관리해야 피티에 성공한 것이다.

내가 한 말뿐만 아니라 고객님께 들었던 말까지 모두 적기 시작하자 간혹 '이런 것도 적어요?'라고 말하는 사람들도 있었지만 시간이 지날수록 그것을 좋게 여기기 시작했다. '스쿼트가 싫어요.'라고 말하는 사람이 있었다면 스쿼트를 싫어한다고 적었고, 푸시업을 시켰더니 손목을 아파했다면 그런 것도 다 적었다. 3월 5일에 일본 여행이 예정돼 있다고 말한다면 그것마저도 적었다. 무엇을 좋아하고, 싫어하고, 어떤 음식을 즐기는지 고객들의 일상과 일정 등 모든 것을 적었다. 놀라운 것은 메모가 늘어날수록 고객이 어떻게 생활하고, 어떤 사람인지 보였다. 스쿼트가 싫다는 사람에게는 당연히 그 운동을 시키지 않으려고 했다. 가끔은 생색도 필요했다. 고객님께서는 스쿼트를 싫어하니까 레그프레스를 준비했다면서 얘기를 건네는 것이다. 그러면 고객은 자신이 했던 말을 기억해주고 맞춰준다는 생각에 고마워한다.

고객이 했던 말들을 메모해놓으면 만날 때마다 대화를 부드럽게 시작할 수도 있다. 만약 금요일에 고객 한 분과 수업했다고 하자. 고객님이 주말에 남자친구와 놀이동산에 간다고 했던 걸 적어뒀다면 다음 주에 만났을 때 자연스럽게 그 얘길 꺼내 대화를 시작할 수 있다. 콘서트를 간다고 했다면 콘서트에 대해서도 물어볼 수 있고 자연스레 대화가 이어지다 보면 관계가 깊어지기 시작한다. 고객들은 자신의 말을 기억해준다는 것만으로도 감동할 때가 많다.

고객님과 친하게 지내다 보니 가끔 연애상담도 받는다. 아무래도 내가 남자다 보니 남자친구의 심리에 대해 조언을 구하는 경우가 많다. 들어보면 남자친구가 자기가 한 말을 개똥으로 아는 것 같다는 식이다. 생각해보면 나도 여자친구가 있을 때 자주 들었던 말이다. 했던 말을 또 하게 만든다면, 자신이 했던 말을 기억해주지 못한다면 실망감이 클 수밖에 없다. 반면, 어떤 고객이라도 트레이너가 자기 말에 귀 기울여주고, 자기편이라는 느낌을 받으면 감동한다.

그것은 오직 메모, 적는 것에서 시작된다고 말하고 싶다. 선명한 기억보다 흐릿한 잉크가 오래간다는 말이 있다. 당신의 기억은 잊히고 왜곡될 수 있지만 메모는 변함없다. 고객관리는 메모에서 시작된다. 일본 여행이 예정돼 있는 사람이라면 2주 전부터 몰입 관리가 가능하다. 카톡으로 일본 여행이 2주밖에 남지 않았으니 2주 동안 열심히 운동해보자. 여행 갔을 때 사진이 예쁘게 나오면 좋지 않겠냐고 연락을 드리면, 내가 장담하는데 이런 연락을 받고 부담스러워할 사람은 한 명도 없다. 오히려 고객은 특별하게 관리받고 있다고 느낄 것이다.

인간관계라는 게 사실 아주 사소한 대화에서 모든 것이 시작된다. 작은 것을 기억하고 있는 것만으로도 신뢰받는 사람이 될 수 있고, 믿을 만한 사람으로 기억될 수 있다. 그렇다면 최선을 다해서 기억하고 기록해야 하지 않을까?

고객 알기

피투사 신도림점에서 조금 걸어가면 김밥집이 하나 있다. 이름 있는 체인점이라 여기저기 같은 브랜드의 김밥집이 있음에도 다른 동네에서도 많은 사람이 찾아온다. 그 집을 3번 정도 방문했을 때 사장님이 운동을 결심하셨는지 피투사로 방문하셨다. 3번 정도 형식적인 인사만 나눴었는데, 항상 밝은 표정으로 손님을 대해주시는 모습이 인상 깊어 보자마자 알아볼 수 있었다. 신기했던 것은 사장님도 내가 손님이었다는 것을 알아보셨다는 것이다. 어떻게 알아보셨냐고 물었더니, 왜 모르겠냐고 되물으셨다. 그러면서 "손님 얼굴 기억 못하면 장사 못해요."라고 덧붙이셨다. 한 번 알아본 손님은 보통 재방문하신다는 것이다. 이렇게 고객을 알아봐주는 것만으로도 고객을 기쁘게 만든다. 화기애애한 분위기로 사장님의 담당 트레이너가 되었다.

많은 사람들이 헬스장에 들어올 때 부담을 느끼시는 것 같다. 회사에서는 부장, 팀장 등의 높은 직위를 가진 분들임에도 불구하고 헬스장만 오면 낯가림이 심한 신입사원이 첫 출근을 한 것처럼 쭈뼛쭈뼛 서있는 모습을 보곤 한다. 누가 봐도 '저 지금 많이 불편합니다. 제발 편하게 해주시면 안 될까요?'라고 표현하는 것만 같다. 이런 분들을 조금이라도 편하게 만들어드릴 수 있는 방법은 오직 인사다. 반갑게 웃으며 인사를 건네면 불편했던 마음이 조금은 편안해진다. 아는 사람, 자신을 반겨주는 사람이 한 사람만 있어도 마음이 놓이는 장소가 된다. 이 역할은 트레이너의 몫이다. 헬스장에서 근무한 시간이 어느 정도 되면 상담을 받으러 온 사람인지, 결제를 한 뒤 처음 운동을 하러 온 사람인지, 기존에 다니는 회원인지 딱 보면 알 수 있다. 혹시나 OT가 예약된 고객님이라면 "지수 회원님 맞으세요?"라며 이름을 포함해서 물어봐 주는 것도 좋다. 이름을 불러주면 기분이 좋아지는 효과가 있다.

상담이 됐든, OT가 됐든, 피티 첫 수업이 됐든 고객정보에 대한 기록은 필수다. 고객정보를 적을 수 있는 용지 혹은 매뉴얼이 준비된 헬스장도 있겠지만 아무것도 없는 곳도 많다. 퍼스널 트레이닝은 트레이너가 가지고 있는 상품이라는 것을 항상 기억해야 한다. 내 상품의 질과 가치는 스스로 올려야만 한다. 옆 트레이너가 아무것도 체크하지 않는다 해서 똑같이 따라 하는 우를 범하지 않길 바란다. 아무것도 적지 않으면 절대 맞춤 트레이닝을 제공할 수 없다는 것을 기억하라.

상담이 끝난 뒤 피티 30회를 등록해준 고객님이 있으시다. 피티를 해봤던 경험이 있던 분이라 운동신경이 좋았고, 만남이

거듭될수록 업그레이드되는 운동 프로그램을 잘 따라왔다. 그런데 20회 정도 만났을 때 고객님께서 골반이 아프다고 말씀하셨다. 운동을 하면서 골반에 무리가 간 줄 알고 언제부터 통증이 있었냐고 여쭤봤더니 고객님은 몇 년 전부터 그랬다고 말씀하셨다. 그 말을 듣자마자, 왜 미리 골반에 통증이 있는 것을 말해주지 않았냐고 물었더니 처음 상담할 때 말씀드렸었다고 하시는 바람에 몹시 당황스러웠다. 이 상황이 꿈이길 바랐다. 부끄러워 숨고 싶었다.

담당하고 있는 고객이 딱 1명이었다면, 골반통증이 있다는 것부터 나이, 생일, 형제 유무까지 모든 것을 기억할 수도 있을 것이다. 하지만 고객이 많아지면 많아질수록 자신의 기억력만 믿고 아무것도 메모하지 않는다면 기억하는 것은 불가능해진다.

내가 알고 있는 유명한 트레이너 한 분은 고객과 수업을 한 뒤 무슨 대화를 나눴는지 하나도 빠짐없이 적어둔다. 가계부를 쓰듯이 일기를 쓰듯이 그냥 습관처럼 쓰는 것이다. 이렇게까지는 아니더라도, 최소한의 관심과 노력, 정성은 쏟길 바란다. 항상 초심을 기억했으면 좋겠다. 고객은 평균 당신에게 10분에 1만 원을 지불하고 있다. 트레이닝의 가치는 50분 수업에서 나오는 게 아니다. 수업 외 시간에 얼마나 정성을 쏟느냐가 트레이닝의 가치다.

기본적으로 아픈 곳 체크는 물론 수술 경험, 식사습관, 간식 여부, 주량, 수면시간, 스트레스의 원인 등을 체크해야 한다. 여기서 말하는 체크는 당연히 기록이다. 아픈 곳은 특히나 체크하지 않는다면 문제가 될 확률이 높다. 손목이 좋지 않다고 체크해둔 사람이 있다고 하자. 벤치프레스 혹은 푸시업을 시키는 상황에서 혹시나 손목에 무리가 간다면 다른 운동으로 변경하자고 말씀드려 보자. 손목에 좋은 스트레칭을 미리 시켜드리거나 손목보호대를 미리 착용시켜 드리는 섬세함을 보여드리면 고객은 맞춤 트레이닝을 받고 있다는 느낌을 받을 수 있다.

　허리에 통증이 있다고 말하는 사람들에게는 원인이 뭔지, 병원에서 검사를 받아본 적이 있는지, 수술 경험이 있는지도 여쭤봐야 한다. 가능하면 척추 몇 번 몇 번에 문제가 있었는지 알고 계신지 물어보는 것도 좋다. 엄청난 허리 통증을 경험한 사람은 몇 번 몇 번 척추의 문제로 통증이 있었는지 기억하고 있을 확률이 90%가 넘는다. 큰 고통일수록 잊지 못하는 법이다. 그것을 모른다거나 그냥 앉아있을 때 가끔 느끼는 통증이라고 말씀하신다면 운동이 힘들 정도의 통증은 아닐 것이라고 생각해도 좋다. 당연히 추측만으로 운동을 시키는 것은 위험하다. 안전한 트레이닝을 위해서는 운동을 시키기 전 움직임 범위를 측정하고 통증이 발생되는 위치를 체크해나가면서 조심스럽게 운동을 할 수 있게 도와야 한다.

　운동 경험 유무와 다이어트를 해보신 분에게는 실패 이유, 운동을 해본 분에게는 지속하지 못했던 이유를 물어보고 체크해 두는 것이 좋다. 피티를 받아보신 분이라면, 전에 피티를 받았을 때 트레이너에게 불편했던 점은 없었는지, 효과는 어느 정도 보셨는지, 식단은 어떻게 하셨는지 등을 다 체크해야 한다. 이전 트레이너에 대한 불만을 표현해주시면 아주 감사한 상황이다. 너무 힘들게 시켰다거나 수업 이후에 아무런 관리가 없었다거나 식단 관리가 미흡했다거나 등등 그 내용만 들어도 고객님에게 어떻게 해드려야 할지 정확히 감을 잡을 수 있기 때문이다. 예전 피티에 대한 불만들에 반대로만 해드려도 만족을 느끼실 수 있다. 식단이 불만이었다 하면 식단관리에 더 들어가고, 수업 이후에 아무런 관리가 없었다고 하시면 개인운동을 잘할 수 있게 도와드리면 된다. 가능하면 좋아하는 음식, 못 먹는 음식까지 체크해둬라. 다시 말하지만 고객 감동은 고객에 대한 기록에서 시작된다.

대형센터에서 트레이너 생활을 할 때 모든 트레이너가 신규 고객 한 명이라도 더 배정받기 위해 목이 빠지게 기다렸다. 블로그로 신규 고객을 유입할 수 있었던 나는 센터에 신규 고객을 구걸한 적이 없었고, 오히려 고객이 먼저 나를 만나기 위해 센터 문을 열고 직접 찾아왔다. 센터에서 신규 고객의 OT 수업을 연결해주는 것은 또 다른 기회였지만 그게 전부가 아니다. 하지만 대부분의 트레이너는 오직 신규 고객의 OT 수업에만 목숨을 걸게 된다. 직접 고객이 찾아오게 할 수 있는 자신만의 수단을 가지지 못했기 때문이다. 고객에게 오랜만에 연락을 하거나 기프티콘으로 생일선물을 하나 보낼 때도 적어둔 메모를 보면 감동을 배가

시킬 수 있다.

종료된 고객이라 하더라도 아주 가끔 한번씩 연락드리는 것만으로 다시 피티를 받겠다고 찾아오는 경우가 종종 있다. 여름방학, 겨울방학마다 찾아오는 대학생도 있고, 1년에 한 번씩 찾아오는 고객도 있다. 트레이너라면 SNS활동으로 신규 고객을 유입하는 방법도 알아야 한다. 물론 센터에서 지원해주는 OT 회원을 피티 회원으로 전환시킬 수 있는 마케팅 기술도 있어야 한다.

식단관리와 동기부여

학창 시절 학교 근처에 도시락전문점이 있었는데 가격도 참 착해서 간단하게 식사하기 좋았다. 현재 운영하고 있는 피투사에서도 3분만 걸어가면 그 도시락전문점이 있다. 17살 때 치킨마요라는 도시락 메뉴가 친구들 사이에서 인기가 있었는데 지금도 인기 있는 메뉴라고 들었다. 시간이 지나도 꾸준히 사랑받는 것이 얼마나 어려운 일인지 뼈저리게 느끼고 있기 때문에 참 대단하다고 생각했다. 지하철역 쪽으로 가다 보면 한식전문점이 하나 있는데 거기에 신메뉴로 치킨마요, 참치마요가 출시되었다. 지나가면서 다른 사람이 시켜 먹는 것을 보고 스윽 쳐다봤더니, 가격은 2천 원이나 비싼데 딱히 치킨의 양이 많다거나 더 맛있어 보이지 않았다. 굳이 더 비싼 금액을 주면서 그 식당에서 먹고 싶지 않았다.

커피숍이름말하기 게임을 해도 될 정도로 살고 있는 동네에 수많은 카페가 자리 잡고 있다. 똑같은 아메리카노를 누군가는 4,000원을 받고, 누군가는 단돈 1,000원에 판매하고 있다. 8년이 넘게 한 자리에서 장사를 하고 있는 카페가 있는데, 처음에는

3,500원이던 커피 값이 1,500원으로 떨어졌다.

이런 것을 보면서 피투사 전 직원들과 회의를 했던 적이 있다. 더 젊고, 더 멋있고, 더 실력도 좋은 트레이너가 우리 옆에 트레이닝 전문 숍을 열고 피티 금액을 단돈 3만 원만 받는다고 가정해보자는 내용이었다. 과연 우리는 지금 회당 66,000원을 받는 이유를 고객에게 증명하고 설득할 수 있겠느냐고 물었다. 그게 납득이 되지 않는다면 고객은 이왕이면 저렴한 곳을 선택할 것이 분명하다.

트레이너라면 몸값은 스스로 올려야 한다. 아마 처음으로 트레이너를 시작하는 사람이라면 몸값이 헬스장 피티 비용에 맞춰 정해져 있을 것이다. 센터에서 받는 비용이 1시간에 5만 원이라고 정해져 있으면 트레이너의 몸값은 1시간에 5만 원이 되는 것이고, 4만 원이라 하면 4만 원이 되는 상황일 것이다. 가격이 중요한 것이 아니다. 항상 잊지 말아야 할 것은 누군가는 똑같은 가격을 받고 있으면서도 당신보다 훨씬 더 나은 서비스를 제공하고 있다는 사실이다.

고객들은 요즘 무언가를 선택하는 것에 실패하고 싶어 하지 않는다. 사람들이 체인점을 찾는 이유는 실패하지 않을 정도의 맛과 서비스가 보장된다고 생각하기 때문이다. 증명되지 않았고, 보장된 곳이 아니라면 불안한 마음이 든다. 무언가를 선택할 때 우선 핸드폰을 열어 검색부터 하는 것이 생활화되어 있다. 다른 사람들의 리뷰나 후기를 보면서 결정하는 것이다. 한 끼 식사로 만 원을 쓸 때도 합리적으로 소비를 하고 싶어 하는 것이 사람 마음인데, 최소한 1시간에 5만 원을 소비하게 될 고객들이 가격 표만 보고 결제할 확률은 제로에 가깝다. 여기저기 다 비교해보고 자신을 믿고 맡겨도 되겠다 싶은 헬스장을 선택하게 될 것이다.

고객들은 알고 있다. 피티를 시작하면 다리운동을 하게 될 것이고, 상체운동을 하게 될 것이라는 걸 말이다. 약한 부위는 강하게 만들어드리고, 밸런스를 잡아주며, 고객이 원하는 몸매와 운동 목적에 맞춰 프로그램을 짜서 관리해드리는 것은 기본 중의 기본이다. 사실 운동을 해보지 않은 고객의 입장에서 트레이닝의 질을 비교하기란 쉽지 않다. 고객에게 트레이닝은 그냥 뭘 해도 힘든 상태일 뿐이다.

여기서 먹는 치킨마요나 저기서 먹는 치킨마요나 사실 별다를 게 없다고 느끼는 것이다. 여기서 먹는 아메리카노와 저기서 먹는 아메리카노가 별다를 게 없다고 느끼는 사람이 더 저렴한 아메리카노를 사먹는 것과 똑같은 것이다. 살아남는 곳들은 이유가 있다. 갈 때마다 기분이 좋아지는 곳이라거나 더 저렴한 곳이라거나 스타벅스처럼 철학과 스토리가 있는 곳이다. 스타벅스의 CEO, 하워드 슐츠의 책을 본 적이 있다. "사람의 영혼을 감동시키는 스타벅스 정신"이 서비스의 본질이라 했고, "직장과 가정 사이 편안한 제3의 공간을 제공"이라는 슬로건도 있었다. 이런 기업 정신과 슬로건에 적합한 스타벅스만의 문화를 만들어 다들 아메리카노의 가격을 낮춰가고 있을 때, 가격을 유지하면서도 손님이 항상 몰려들게 만들었다.

트레이너들도 남들과 가격경쟁이나 할 것이 아니라 자기만의 무기, 자기만의 스토리, 진정한 관심으로 승부해야 한다. 각종 도구들을 사용해서 트레이닝을 시키면 만족도가 올라갈 것이라고 생각하는 트레이너들이 있다. 짐스틱, 케틀벨, TRX 등등 여러 가지 도구를 쓰며 다양한 운동 프로그램을 선보이면 고객이 좋아할 것이라고 생각하는 것이다. 물론 사람이 매일 비빔밥만 먹으면 질리게 되므로 가끔 고등어도 먹고, 라면도 먹는 것이 필요하다. 다양한 방법으로 재미있게 운동하는 것은 물론 중요하다. 하지만 첫 번째는 고객관리다. 특히 수업 외 관리가 꼭 있어야 한다. 그 수단으로 식단관리를 권한다.

매일 카톡으로 먹은 음식을 사진으로 찍어서 보내달라고 했더니 아침, 점심, 저녁 사진을 찍는 것에 스트레스를 받으셨다. 여러 시도 끝에 밴드 어플이 서로 가장 효과적이었다. 물론 자신의 스타일에 따라 매 끼니 카톡으로 사진을 보내달라고 해도 좋고, 적어오라고 해도 좋다. 중요한 것은 꾸준히 지속할 수 있는 방법을 선택해야 한다는 것이다. 트레이너가 귀찮아하면 고객도 느낀다.

카톡보다 밴드의 좋은 점은 답변 시간이 자유롭다는 점이었다. 카톡은 확인 유무가 바로 떠서 답변을 빨리하지 않으면 상대가 기분 나쁠 수 있다. 또 대화를 끊을 수가 없어 이어가다 보면 시간을 뺏겨 스트레스를 받았다. 밴드 어플을 사용하면 이러한 카톡의 단점들이 보완된다. 고객님께 하루 동안 먹은 음식 사진들을 한 번에 모아서 올려놓고 주무시라고 말씀드렸다.

카톡은 빨리 답변을 해야 할 것 같은 마음 때문에 쫓기는 기분이었지만, 밴드는 아니었다. 하루 시간 계획을 할 때 식단 피드백 시간을 따로 정해 관리할 수 있었다. 이 시간은 담당 트레이너로서 오롯이 고객 한 분 한 분을 생각하는 시간이다. 하루에 10~30분만 스케줄러에 시간을 비워두면 고객 묶음 관리가 가능하다. 또 PC 버전으로 타자를 칠 수 있기 때문에 긴 글로 식단에 대해 피드백을 주더라도 손가락이 아프지 않았다.

식단에 대한 피드백을 드릴 때는 잘한 것을 콕 집어서 칭찬해드리고, 점심으로 먹은 메뉴가 만약 떡볶이와 돈가스였다면 다음 날 추천 메뉴로 회덮밥, 비빔밥 등 최대한 면보다는 한식을 드시도록 권했다. 하루 동안 드신 총 칼로리가 부족해 보일 때면 간단하게 먹을 수 있는 음식으로 고구마 말랭이, 맛밤, 바나나, 하루견과 등등을 권했다. 운동을 한 날이었다면 다음 날 근육통이 심하셔도 파스 같은 건 붙이지 않아도 된다고 식단 외의 조언도 해드릴 수 있었다. 근육통은 회복하는 데 많은 탄수화물과 단백질이 사용돼서 가만히 있어도 운동하는 효과를 볼 수 있다는 설명까지 곁들였다. 또 '많이 힘드셨죠? 얼른 체력이 좋아져서 힘든 운동도 즐겁게 느낄 수 있는 날이 하루빨리 왔으면 좋겠다.'며

'고생 많으셨어요.'라는 격려도 덧붙일 수 있었다. 또 다음 날 유산소운동을 하시도록 자연스레 개인운동 시간을 잡아드릴 수도 있다.

다이어트를 하는 분의 식단이 무너졌다 해도 실망했다고 말하거나 혼내는 것은 피해야 할 행동이다. 고객은 스트레스를 먹는 것으로 푸는 사람일 수도 있고, 원치 않는 지적에 상처를 받아 그러지 않아도 흥미 없는 운동이 더 싫어질 수도 있다. 고객에게 선택권을 주며 현명하게 대처할 수 있어야 한다. 덜 드시거나, 더 움직이거나 둘 중 하나를 선택하자며 운동 강도를 높이는 쪽과 추가적으로 유산소운동을 하실 것을 권해드려 보자.

사람이 성장할 수 있는 방법에는 여러 가지가 있겠지만, 피드백은 절대로 빠질 수 없는 요소다. 고객에게 진심을 다해서 자기관리에 대한 피드백을 드려라. 이래도 되나 싶을 정도로 길게 답글도 써보고, 개인적인 편지 같은 댓글도 달아보고, 늘 고객을 생각하고 있다는 것을 표현하라. 그러면 고객들은 트레이너에게 미안해서라도 식단관리에 더 신경을 쓰고, 하루라도 더 운동을 하려는 모습을 보인다. 또 나만의 슬로건을 만들어보는 것도 좋다. 피투사의 슬로건은 "진정성으로 소통하겠습니다."이다. 피투사 진민혁 트레이너의 슬로건은 "주변을 행복하게 만드는 동기부여 전문가"이다. 당신은 어떤 마음으로 고객을 대하는 트레이너가 되고 싶은가?

사진과 영상 관리

고등학생 때 처음으로 헬스장에 갔는데 다른 회원들을 보면서 자신감이 많이 떨어졌다. 옆에서 덩치 큰 남자들이 우렁찬 기합소리를 내가며 무거운 무게를 들어 올리고 내릴 때 나는 그저 헬스머신에 앉아있을 뿐이었다. 머신에는 그림으로 운동방법이 설명되어 있는데, 그걸 보고 똑같이 따라 하려 했다. 이 자세가 맞는지도 모르겠고, 등운동이 되는 머신이라고 표시돼 있었지만 팔만아팠지 등에는 아무런 자극은 느낄 수 없었다. 그저 힘들다는 느낌과 엉성하다는 느낌이 들 뿐이었다.

그때는 피티라는 개념도 없던 시절이라 제대로 배울 기회도 없었고 어차피 피티를 받을 돈도 없었다. 몸짱이라는 부푼 기대를 가지고 인터넷을 검색해가며 사진과 영상으로 똑같이 따라하려 노력했다. 내가 생각해도 웃기고 엉성한 자세를 하고 있으면 상주하고 있는 트레이너가 다가와서 항상 같은 말을 했다. "지금 뭐 하는 거예요?" 그 말투와 표정이 아직도 잊히질 않는다. 그렇지만 엉성한 자세라도 하는 척하고 있어야 트레이너에게 5분이라도 배울 기회가 생겼다. 자세가 맞는 거라고 스스로 믿으며 운동했던 것 같다. 물론 반복해서 자세를 연습해도 트레이너와 마주치면 매번 이건 무슨 운동이냐며 물으셨다.

헬스장에서 혼자 운동하시는 분들을 보면, 예전에 내가 느꼈던 감정들을 그분들도 느끼고 있다는 확신이 든다. 자신 있게 자세를 잡는 분들도 있지만, 대부분 '어떻게든 되겠지.'라는 생각으로 운동하고 있는 것 같다. 그렇게 하다가 지쳐 헬스는 자신과 맞지 않는 것 같다며 다시는 나오지 않는 분들이 있는가 하면, 제대로 배워야겠다고 생각하고 피티를 찾는 분들도 있다. 피티를 받는다고 해서 처음부터 자세가 바로 나오는 것은 불가능하다. 오른손잡이가 왼손으로 양치하는 느낌을 받는 것은 아주 당연한 증상이다. 하지만 트레이너가 옆에 붙어서 운동을 시키면 엉성하더라도 자신감을 가지고 운동을 하게 된다.

헬스장에서 트레이너 없이 운동하는 분들은 '이게 맞나?'라는 불안감이 더 클 수밖에 없다. 자세가 잘 나오는 사람도 처음에는 이런 민망함을 극복하고 헬스장이라는 공간에 익숙해지는 시간이 꼭 필요한 것 같다. 종종 고객들 중에는 첫 수업에서 배웠던 스쿼트 동작을 두 번째 수업 때 똑같이 시켜보면 연습을 했는지 좀 더 자연스러워진 느낌을 받을 때가 많다. 연습을 하셨냐고 물으면 '어떻게 알아봤지?'라는 생각을 하셨는지 그렇다고 하시면서 웃는 분도 있으시고, 연습을 하지 않았더라도 칭찬을 받아서 좋다면서 웃으신다. 자신이 운동신경이 없다고 생각하는 사람들

중 많은 분들이 잠재된 좋은 운동신경을 가지고 계신다. 자세가 잘 나오지 않는 경우는 고객의 운동신경 문제라기보다 가르치는 방법에 있어서 고객이 감당하기 어려운 경우가 더 많았다. 고객이 이해하고 받아들이기 쉬운 것이 좋은 가르침이다. 자세에 자신감을 가지는지 그러지 않는지는 엄청난 차이다.

항상 고등학생 때 처음으로 운동을 시작했던 시절을 기억하려고 한다. 엉성하게 하면서도 지금 하고 있는 운동법이 정답이길 바라는 불안한 마음을 기억하려는 것이다. 지금 고객들도 이런 느낌을 분명 받을 것이기에 그런 분들이 불안이 아니라 확신과 자신감을 느끼시도록 돕고 싶다. 나는 그 방법으로 영상촬영과 사진촬영을 선택했다.

고객에게 "사진 찍어도 돼요?"라거나 "영상 찍어도 돼요?"라고 물어볼 필요가 없다. 이런 질문을 받으면 '혹시 SNS에 올리려고 그러는가?' '부끄러운 모습들이 막 인터넷에 떠돌아다니면 어쩌지?'라는 걱정을 하게 된다. 영상과 사진을 찍어드리는 것도 고객관리가 목적이다. 고객이 자세가 좋아지는 것을 느낄 수 있도록 보여드리기 위한 용도로 촬영하는 것이다. "지금 하고 있는 스쿼트 자세가 좋으니 이대로 혼자 연습하셔도 좋을 것 같아요."라고 말하고 영상으로 찍으면서 "카톡으로 보내드릴 테니 수요일에 혼자 다시 한번 연습해보세요. 반복 횟수와 세트 수도 함께 적어서 보내드릴게요."라고 말하면 된다.

세심하게 자세를 신경 써야 하는 동작들은 영상으로 찍어서 보내드리고, 크런치, 레그레이즈처럼 자세가 단순한 것들은 사진으로 찍어서 보내드린다. 내가 핸드폰을 최고 사양으로 사용하는 이유도 화질이 좋기 때문이다. 나는 최대한 다양한 각도에서 영상이나 사진을 찍는다. 고객에게 사진을 보내드렸는데 카카오톡 프로필 사진이 보내드린 사진으로 변경된 것을 보면 뛸 듯이 기분이 좋다. 고객이 예쁘게 나온 자신의 모습에 기분이 좋았다는 뜻이니까 말이다.

카톡으로 보내드릴 때는 사진이나 영상이 많으면 카톡 폭탄처럼 알림이 반복해서 울릴 수 있기 때문에 상황에 따라 밴드 어플을 같이 사용해보자. 밴드 어플에는 영상도 한 번에 여러 개씩 올릴 수 있고, 사진과 같이 올릴 수도 있어 보는 사람도 편하다. 구체적인 설명도 보기 쉽게 적어 넣을 수 있어 더 신경 써드릴 수 있다. 또 고객과 함께 셀카 찍기도 추천한다. 이왕이면 다홍치마라고 했다. 음식점을 갈 때도 왠지 줄이 긴 곳이 더 맛있을 것 같고, 사람이 몰려있는 곳에는 궁금증이 생기기 마련이다. 트레이너도 똑같다. 고객과 함께 찍은 사진이 많다면, 이 사람은 고객이 많은 트레이너라는 사실이 자연스럽게 증명되고, '트레이닝을 잘하니까 고객이 많겠지.'라는 인식을 가지게 된다.

사람들에게 사진을 같이 찍자고 권하면 부담스러워할 거라는 편견을 머릿속에서 지우길 바란다. 나도 처음에는 그런 생각 때문에 사진 찍자는 말을 잘 건네지 못했다. 고객과 함께 사진을 찍을 수 있는 팁을 주자면 고객과 운동한 첫날 바로 사진을 남기는 방법이 있다. "미진 회원님, 우리 첫 번째 수업 기념으로 사진 하나 남길까요?"라고 말하며 셀카 모드로 핸드폰 카메라를 들어 올리면 된다. 이 방법을 사용하면 생각보다 쉽게 사진을 찍을 수 있다. 첫 번째 수업에서 이런 말을 건네지 못했다면 마찬가지로 두 번째 수업 기념, 세 번째 수업 기념, 열 번째 수업 기념이라고 말하며 셀카를 남길 수 있다. 난 보통 첫 번째 수업 기념으로 사진을 한 장 남기고, 10회 단위로 다시 셀카를 남긴다. 다이어트를 하는 분이라면 자연스럽게 비포애프터 자료가 되고, 고객의 얼굴이 밝아지고 턱선이 생긴 것도 알 수 있다.

트레이너에게 비포애프터 사진은 진정한 성과이자 성취감이다. 고객이 변하고, 그것에 감동하는 모습을 보고 있으면 이 직업을 선택하길 참 잘했다는 생각이 든다. 이런 데이터는 많을수록 좋다. 첫 번째 피티 수업을 진행할 때 고객님의 앞모습, 옆모습(왼쪽, 오른쪽), 뒷모습을 찍어두는 습관을 가져라. 웬만하면 전신 사진을 찍을 때 같은 자리에서 찍는 것을 권한다. 이후 10번 단위, 혹은 5번 단위로 주기적으로 촬영을 하면 된다. 정말 변하지 않을 것 같아서 처음에 사진을 찍어두지 않았던 사람이 놀라울 정도로 변한 경우도 많다. 그러니 결과가 좋을 것 같든 아닐 것 같든 상관없이 모든 고객을 찍어둬라. 눈으로 보는 것보다 사진으로 보는 게 변화를 더 자세히 볼 수 있다.

전신사진을 찍을 때도 부탁을 드리는 게 아니라 트레이닝의 기본 절차처럼 진행해야 한다. 고객님이 트레이너에게 피티를 받는 이유는 운동을 통해 변화를 느끼기 위해서다. 또 단순히 비포애프터 사진을 남기기 위해 사진을 찍는 것이 아니라 고객님의 체형을 분석해드리고 거기에 맞춰서 프로그램을 설계하기 위해 사진을 찍어드리는 것이다. 전면, 후면, 측면 포즈를 어떻게 취할지 알려드리고 촬영을 도와드리면 된다.

대형센터에 있을 때 점장님께서 자신에게 자동차를 팔았던 분에게 감동했던 순간이 있다며 공유해주셨다. 정확히 차를 산 지 1년이 됐을 때, 자동차 딜러분께서 카톡으로 연락을 주셨다는 것이다. 영업사원에게 오는 연락은 부담스럽게 느껴질 수 있을 것이다. 하지만 그 자동차 딜러분께서는 한 번의 연락으로 점장님의 마음을 샀다. 1년 전 차를 구매했던 날 점장님과 딜러분은 차 앞에서 같이 셀카를 찍었던 것이다. 그 사진을 보내면서 잘 지내고 계시냐고 안부를 물으셨던 것이다. 차를 산 지 1주년이라는 말까지 덧붙이셨다고 했다. 점장님은 이런 작은 관심에 크게 감동했고, 차를 바꾸게 될 때 다시 이분에게 갈 거라고 말씀하셨다.

자동차 딜러분의 사례처럼, 피티가 종료되고 시간이 흘렀을 때 고객에게 연락을 드려보자. 1년이 지났든, 5개월이 지났든 기간은 상관없다. 우리 첫 만남 때 찍은 사진이라면서 사진을 전송하고 잘 지내고 계시냐고 묻는다면 누가 부담스러워하겠는가? 오랜만에 연락을 하면 '무슨 꿍꿍이로 연락을 했지?'라고 나쁘게 생각하는 사람이 있을 수 있겠지만, 정말로 궁금해서 혹은 사진첩을 보다가 고객님과 함께 찍은 사진이 있어 생각나서 연락했다고 하면 모두가 반겨줄 것이다. 좋은 기억이 있는 트레이너였다면, 상상 이상으로 반겨주실 거다.

　캐나다에서 유학생활을 하고 있는 고객님이 3개월 정도 서울에 가족들과 시간을 보내러 왔을 때, 피투사를 찾아오셨고 담당 트레이너로 선택받았다. 20번의 수업을 진행하며 친해졌던 만큼 다시 캐나다로 돌아간다고 했을 때 아쉬움이 컸다. 꼭 캐나다에서도 운동을 지속하는 습관을 유지했으면 좋겠다는 말과 함께 이별하게 됐다. 시간이 어느 정도 흘렀을까? 고객님께서는 캐나다의 헬스장에서 운동하고 있는 모습을 인증 샷으로 날려주셨고, 참 의미 있게 대화를 나눴던 기억이 난다. 사진 한 장의 힘이 반가움을 배가시켰다고 생각한다.

　생일을 기억하고 있기 때문에, 매년 생일 때마다 연락을 드리는데 연락할 때마다 운동을 하고 계신다. 혹은 관리를 미루고 있었는데 연락을 받으니까 다시 해야겠다는 생각이 든다고 말씀해주시는데 이것보다 의미 있는 순간이 어디 있을까 싶다.

　사람들은 모두 표현욕구가 있다. 예를 들어 고양이 사진을 찍어 인스타에 올렸는데 고양이 옆에 새로 구매한 명품 가방이 살짝 보인다거나, 대놓고 수입 자동차 핸들에 손목에 찬 명품시

계를 찍어 올리는 사람들도 있다. 이토록 표현하고 싶은 욕구가 강한데 피티 고객들도 마찬가지다. 당연히 자신이 관리하는 사람이라는 것을 표현하고 싶은 욕구가 있다. '사진을 찍으면 고객이 싫어할 것이다', '부담을 가질 것이다.'라는 생각 자체를 바꿔라. 그런 생각을 하기 전에 더 예쁘게 찍어드리고, 더 멋있게 찍어드릴 방법을 연구해라.

또 영상을 찍을 때 잘 나온 자세만 찍기보다 엉성한 자세도 함께 찍어놓으면 좋다. 예전에는 바벨로우 운동을 할 때 이렇게 흔들흔들하면서 불안한 모습을 보였었는데, 지금은 이렇게 안정감 있게 자세가 잘 잡혔다며 보여드릴 수 있는 자료가 된다. 아무리 고객의 운동수행능력이 좋아지고, 근육량이 늘고, 지방이 줄었어도 매일 보는 자신의 변화를 느끼지 못하는 경우가 많다. 그럴 때 이런 영상과 사진을 보여드리면 고객님도 많이 놀라워하신다. 고객들은 눈으로 보이는 것을 믿는다. 말로만 변했다고 하지 말고 보여줄 수 있게 자료를 만들어야 한다. 그런 자료가 고객 만족을 가져오고, 트레이너의 데이터가 되고, 경력이 될 것이다.

카카오톡, 카카오스토리

피티 숍 오픈 준비를 하면서 헬스기구 업체를 여러 군데 알아봤다. 인테리어 비용과 건물 보증금 등등 들어가는 금액이 생각보다 컸기 때문에 비용 부담을 줄여야만 했다. 헬스기구를 전부 새 상품으로 구매하기에는 비용 부담이 만만치 않아 중고로 구매해야겠다는 판단이 들었다. 여기저기 알아보니 계약했던 날짜에 기구를 넣어주지 않는다거나 A/S를 미룬다거나 상태가 현저히 불량한 물건을 판매하는 등의 문제를 겪은 분들도 몇몇 있었다. 시행착오를 겪지 않기 위해 검색하고 또 검색했다. 여러 업체 중 한 업체를 선택하는 데 결정적인 이유를 제공한 것은 카카오톡, 그리고 카카오스토리였다. 기구업체 담당자의 핸드폰 번호를 저장했더니 카카오톡에 새로운 친구로 떴는데, 프로필 사진을 보니 누가 봐도 헬스기구를 전문적으로 판매하는 사람이라는 것을 알수 있었다. 프로필 사진에는 회사로고가 있었고, 헬스기구 사진들이 여럿 있었다. 카카오스토리를 들어가봤더니 '2016년 o월 oo일 oo헬스장 기구 설치완료' 같은 글과 사진들이 수두룩했다. 기구 배치도 정갈하게 하고, 설치부터 뒷정리까지 제대로 신경 써 주신다는 것을 알 수 있었다. 아무 의심 없이 묻지도 따지지도 않고 기구들을 계약했다.

트레이너들이 신규 피티 고객을 만드는 핵심 수단은 OT이다. 헬스장에 등록한 사람들에게 보통 무료 피티 2회를 제공해주는데, 트레이너들이 신규 회원들의 연락처를 받아 수업 날짜를 잡고 운동을 시켜드리는 것을 OT라고 한다. 회원 연락처를 받게 되면 트레이너들은 가장 먼저 번호를 저장하고, 100이면 100 다음으로 카카오톡에 올라온 프로필 사진들을 확인한다. 프로필에 올려놓은 사진만 봐도 무엇을 좋아하고, 어떤 성향을 가진 분일지 어느 정도 파악이 가능하다. 다양한 사람이 있다. 여행 사진이 많은 분들이 있는가 하면, 성경구절들을 적어놓은 분들도 있고, 강연하는 모습이나 일하는 모습, 본인이 쓴 책을 올려놓은 분들도 있다. 사진으로 사람을 판단하는 것은 좋지 않은 것이지만, 괜히 자기관리를 잘할 것 같은 이미지나 혹은 여행 사진 등등을 올려놓은 분들을 보면 기대치가 올라간다. 피티를 등록할 확률이 높을 것 같다는 생각이 들기 때문이다. 당연히 그런 판단에는 아무런 근거가 없었다.

신규 회원의 연락처를 받으면 수업 날짜와 시간을 잡기 위해 연락을 드리게 되는데, 전화도 좋지만 카톡을 추천한다. "안녕

하세요? ooo휘트니스 담당 트레이너 허창현입니다. ooo휘트니스를 믿고 등록해주셔서 이렇게 2번의 무료 피티 수업을 제공해드리려고 합니다. 수업 원하시는 시간대가 저녁 8시라고 전달받았는데, 오늘 8시 혹은 목요일 8시에 바로 예약 가능하십니다. 편한 요일로 선택해주시겠어요? 예약 진행을 도와드리겠습니다. 말씀드린 시간 모두 불편하시면 다른 요일로 스케줄 잡으시도록 도와드릴 테니 편하게 말씀주세요!"라고 연락드리면 된다. 원하는 요일을 선택하시면 '13일 목요일 8시 예약되셨습니다.'라고 마무리 카톡을 한 번 더 보내드리자. "운동 목적이 다이어트라고 들었어요. 오늘 8시에 방문하시면 체지방량 측정해보고, 다이어트에 필수적인 운동 몇 가지를 배워보는 시간 가질게요."라고 추가로 말씀드리면 된다.

사람들은 왠지 무료라고 하면 '무슨 꿍꿍이가 있는 게 아닐까?'하며 부담스럽게 생각하신다. '분명 트레이너가 공짜로 해주는 척하며 세일즈를 하겠지?'라고 예상하는 분들도 있고, '절대 당하지 않을 거야.'라는 확고한 결심을 하고 오는 분들도 있다. "ooo휘트니스를 믿고 등록해주셔서"라는 말을 꺼내면 이렇게 생각하던 분들의 부담을 많이 줄여드릴 수 있다. 또 무료 수업이기에 마음대로 취소해도 된다고 생각하시는 경우도 많다. OT 수업이 예정돼 있는 날임에도 친구가 술 한잔하자고 부르면 쪼르르 따라간다. 혹은 퇴근 후 피곤해서 그냥 집으로 가는 경우도 있다.

따라서 OT를 받으러 오면 하나라도 이익이 있다는 사실을 인지시켜 드리는 게 중요하다. 휘트니스 회원으로 등록하실 때 상담을 진행했던 직원에게 찾아가 배정받은 회원님의 운동 목적과 정보를 하나라도 더 받아야 한다. 그러한 정보를 가지고 앞서 말했듯이 "다이어트에 맞는 필수적인 운동들을 몇 가지 알려드리겠다."는 식으로 말씀드려 놓으면 취소할 확률은 조금이라도 떨어진다.

여기서 어떤 말로 연락했는지도 중요하겠지만 더 중요한 사실이 하나 있다. 바로 카카오톡으로 연락을 드렸다는 것이다. 카카오톡으로 연락드린다는 것은 고객님이 내 프로필 사진을 100% 보게 된다는 뜻이다. 트레이닝을 도와줄 사람이 누구일지 궁금해하는 것은 당연한 것이며, 피티에 관심을 가지고 있는 분이라면 더 유심히 살펴봤을 것이다. 트레이닝과 전혀 관련 없는 사진으로 설정돼 있다면 당연히 고객에게 아무 어필도 하지 못할 것이다. 반대로 설정해둔 사진이 본인의 보디 프로필 사진이거나 혹은 운동하는 사진, 고객을 트레이닝 시키는 사진 등이라면 만남 전부터 신뢰감을 드릴 수 있다. 누가 봐도 트레이너라는 느낌이 드는 사진으로 설정해야 한다.

다음으로 카카오스토리다. 중고 헬스기구를 구매할 때도 그랬고, 여자친구를 소개받을 때도 카카오스토리에 들어갔듯이, 신규 회원들도 트레이너의 카카오스토리를 본다. 나를 트레이닝 시켜줄 사람이 어떤 사람인지 궁금한 것은 당연하다. 카카오톡은 사진만 올릴 수 있지만, 카카오스토리는 스토리를 포함시킬 수 있다는 장점이 있다. 고객들과 웃으며 찍은 셀카를 올린다면 이 트레이너는 많은 고객을 관리하는 사람이라는 신뢰를 줄 수 있다. 당연히 비포애프터 사진도 많다면 좋겠지만, 카카오스토리를 처음 하는 단계라면 지금 관리하고 있는 고객을 소개하는 방향으로 올려보자. '내 고객을 소개합니다.' 느낌 정도가 좋다. 어렵게 생각하지 마라. 고객을 보고 느낀 점, 고객에게 해주고 싶은 말, 앞으로의 다짐 같은 글을 쓰면 된다.

셀카를 함께 찍었던 고객의 사진을 올리고 "영은 회원님과의 첫 번째 수업 기념 컷" 이렇게만 써도 된다. 또는 "안 해본 다이어트가 없는 우리 영은 회원님, 다이어트의 마지막 수단으로 선택한 것이 피티라고 합니다. 저를 선택한 것이 가장 현명한 선택이었다고 말할 수 있도록 저도 최선을 다할게요! 파이팅!" 인바디를 해서 결과가 좋았다면 그것도 인증 샷으로 찍어 올리면 된다. "고객이 10kg 감량에 성공해서 고객보다 내가 더 기쁘다." 라는 식으로 솔직한 감정들을 써서 올리면 된다. 이런 작은 스토리들이 1개, 2개일 때는 큰 힘을 발휘하지 못하겠지만 20개, 100개가 되면 얘기가 달라진다. SNS에 글을 올릴 때 장점은 자기 브랜딩도 되지만, 그 시간이 고객을 생각하는 시간이 된다는 것이 핵심이다.

글을 쓸 때 하나의 팁을 주자면 고객을 많이 생각하라는 것이다. 고객이 피티를 하게 된 이유, 나와 운동하면서 표정이 좋았던 이유, 어떤 운동을 싫어하는 이유, 요즘 고객의 관심사, 스트레스 지수 등등 고객님에게 관심을 기울이고 생각하는 시간을 많이 가질수록 고객님에게 더 많은 것을 줄 수 있는 길이 열린다. 진정한 맞춤 트레이닝이 시작되는 것이다.

'사진을 찍는 것도 싫고, SNS를 하는 것도 싫은데 꼭 해야 하나요?'라고 묻는 트레이너가 있다면 할 말이 없다. 선택받는 트레이너가 돼야 하지 않는가? 고객이 나를 선택할 확률을 조금이라도 높여야 하지 않는가? 나는 아직도 사진을 찍을 때면 어색하다. 내 얼굴을 모자이크 처리하고 싶은 사진들이 수두룩하다. 그래도 고객이 예쁘게 나오길 바라며 오늘도 사진을 찍는다. 가끔 한 장씩 잘 나온 사진을 건지면 뿌듯하고 기분도 좋다. 카카오스토리를 하다 보면, 자연스럽게 인스타도 잘할 수 있게 된다. 처음에는 모든 것이 어색한 게 정상이다. 젓가락질도 어색했을 것이고, 처음 하는 런지자세도 어색했을 것이다. 하지만 젓가락질도 런지도 잘하고 있거나 더 잘하게 될 것이다. 카카오스토리도, 사진을 찍는 것도 모두 잘하게 될 것인데, 뭐가 걱정인가?

SNS를 해야 하는 이유

SNS를 하지 않는 사람이 트레이너가 됐다고 하자. 갑자기 카카오스토리, 인스타그램, 블로그까지 하려고 하면 거부감이 드는 사람도 있을 것이다. 당연하다. 이유는 해보지 않은 일이기 때문이다. '저는 글을 잘 쓰지 못해요', '저는 이런 거 낯간지러워서 못하겠어요', '친구들이 보면 악플을 달거나, 이상하게 생각할 것 같아요', '잘생겼으면 할 수 있겠는데, 외모에 자신이 없어서요.' 등 하지 못할 이유가 많다. 그럼 이 방법은 어떤가? 광고라는 것이 어려운 것이 아니다. 방송출연을 하거나 TV광고나 신문광고를 내거나 전단지를 만들어 돌리는 등등 여러 방법이 있다. 하지만 다시 묻고 싶다. 이 중에 실제로 가능한 것이 무엇인가? 이제 트레이너를 시작했는데 방송사에서 이름 없는 트레이너를 불러 줄 이유도 없고, TV광고나 신문광고를 낼 돈도 없고, 전단지를 만들어 돌리는 일도 쉬운 일이 아니다.

　글을 쓰는 능력이 없다면, 글 쓰는 방법을 공부하면 된다. 네이버에 글쓰기라고 검색했더니 "글쓰기에 대한 책 본문 검색

결과 20,550건도 보실 수 있습니다."라고 나온다. 글쓰기도 오직 연습을 통해 발전할 수 있다. 내가 트레이너가 된 이유, 고객이 트레이닝을 받는 이유, 고객에게 느끼는 감정 등등 주제는 많다. 일기 쓰듯이 그저 사실만 기록하면 된다. 낯간지러워서 못 하겠다는 핑계는 대지 말자. 친구들이 보고 악플을 달거나 이상하게 생각할 것 같은 두려움도 무시하자. 당신의 작은 행동에 박수쳐 줄 사람도 있고, 아무 관심 없는 사람도 있고, 이유 없이 깔보는 사람도 있을 것이다. 신경 쓸 필요 없다.

이름만 대면 누구나 아는 유명한 SNS 시인을 트레이닝 한 적이 있다. 어떻게 시를 쓰게 됐는지, 어떻게 유명해질 수 있었는지 궁금해서 여러 가지 질문을 했다. 이름이 알려지기 전까지의 스토리를 들으니 박수를 쳐드리고 싶었다. 처음에는 공책에 오글거리는 글을 쓴 뒤 사진을 찍어 본인의 페이스북에 올렸다고 했다. 하나가 되고, 열 개가 됐을 때쯤 친구들이 얘 뭐 하나 싶어 보다가 댓글을 달아주었다고 했다. 댓글의 대부분은 긍정적인 것보다 부정적이었다고 한다. "적당히 해라", "그만 해라", "뭐하냐?" 사실 이런 댓글을 받다 보면 기가 죽고 그만두고 싶은 생각이 들수 있지만, 간간이 "재미있다", "감동적이다", "따뜻하다"는 댓글들도 받으며 힘을 낼 수 있었다고 한다. 하나씩 글을 올리다 보니 글쓰기 실력도 좋아지기 시작했고 꾸준함으로 밀어붙였을 뿐인데, 많은 사람이 자신의 시와 필체를 알아봐 주는 유명한 시인이됐다.

외모가 예쁘거나 잘생기면 좋겠지만 못생겼다 해서 문제가 되지 않는다. 오히려 장점이 될 수 있다. 상대방에게 부담을 주지 않고 편안함을 줄 수 있다. 나도 잘생기거나 예쁜 고객과 첫 상담을 할 때 괜히 말문이 막히거나 어렵게 느껴졌던 적이 있다. 내가 이런 감정을 느낀다는 것은 분명 누군가도 이런 기분을 느낄 수 있다는 게 아닐까? 고객의 입장에서 부담스러운 사람보다 편한 사람을 트레이너로 선택하는 것이 100번 더 좋다.

내가 알고 있는 트레이너 중에 정말 안타까울 정도로 못생긴 친구가 한 명 있다. 그럼에도 불구하고 오직 블로그로만 신규 피티 고객을 유입하여 한 달 매출이 1,000만 원이 넘는다. 그 트레이너가 사람들이 자신의 얼굴을 보고 편하게 느껴 더 잘 선택해주는 것 같다고 말한 적이 있다. 심지어 더듬는다는 느낌이 들 정도로 말주변이 좋은 사람도 아니다. 그럼에도 꾸준히 블로그를 하면서 SNS로 자연스럽게 자신을 브랜딩 하여 성과를 내고 있다. 그리고 그것을 위해 자신을 가꿀 줄 알게 됐다. 머리 스타일부터 트레이닝복까지 신경 쓰고, 예전에 못생겼다는 느낌에서 매력 있다는 느낌으로 점점 변하고 있다. 외모에 자신이 없다면 더 신경쓰면 된다. 인스타그램에서 이런 말을 읽은 기억이 있다. "못생긴 사람은 이 세상에 없다. 자신을 가꾸는 법을 모를 뿐이다." 무척 공감되는 말이다. 예전에는 머리에 왁스도 바르지 않았고, 좌우 눈썹이 털에 덮여 연결이 됐어도 면도를 한 적이 없었다. 우연히 미용실에 갔는데, 디자이너분이 내게 맞는 머리 스타일을 찾아주셨고 눈썹도 다듬어주셨는데 깔끔하게 변한 얼굴에 스스로가 놀랐던 적이 있다. 왜 진작 눈썹을 관리하지 않았고, 어울리지도 않는 머리 스타일에 변화를 줄 용기를 갖지 못했을까 싶었다. 머리 스타일만 바꿔도 사람이 달라 보이고, 눈썹만 다듬어도 남자는 인상이 확 달라진다. 전문가 한 명 만났을 뿐인데, 다른 사람이 된 기분이었다.

또 예쁘고 질 좋은 트레이닝복에 투자할 줄도 알아야 한다. 못생긴 건 용서해도 구질구질한 건 용서가 안 되는 세상이다. 심지어 트레이닝복 점퍼도 아니고, 일반 집업 점퍼를 입고 트레이닝을 하는 트레이너를 본 적이 있는데, 같은 트레이너라는 사실이 부끄럽기까지 했다. 회사에 면접을 보러 가는 사람이 트레이닝복을 입고 간다거나, 소개팅하는 자리에 트레이닝복을 입고 나온다면 상대방에 대한 기본 예의가 아닐 것이다. 마찬가지로 트레이너라면 고객을 트레이닝 하는 장소에서만큼은 외관상의 모습에 신경을 써야 한다.

승무원들이 일렬로 서서 밝게 인사를 하는 모습을 보면 항상 멋있다는 생각이 든다. 기본적으로 외모가 좋기도 하지만 서 있는 자세부터, 말투, 발음까지 모두 관리하고 신경을 쓴 결과였다. 이런 게 진정 프로페셔널에 맞는 자세가 아닐까? 트레이너도 다리를 떤다거나 짝다리를 짚는다거나 하는 나쁜 버릇들은 인지하고 바꿔야 한다.

대형센터에 다닐 때 이사님께서 회의를 진행했던 적이 있다. 고객들한테 서명을 받을 때 200원짜리 모나미 펜을 쓴다는 사실을 지적하셨던 것이다. 10분에 1만 원씩 지불하는 고객한테 200원짜리 모나미 펜을 주며 계약서에 서명을 받는다는 것은 프로페셔널하지 못한 모습이 아닌가를 생각해봐야 한다는 말씀이었다. '아차' 하는 생각이 들어 처음으로 5만 원이 넘는 펜을 구매해봤다. 서명을 하시는 고객님들이 '펜 좋은 거 쓰시네요.'라고 말해주면 괜히 달리 봐주시는 것 같은 느낌도 받게 됐다.

SNS를 해야 하는 이유에 대한 글을 쓰고 있음에도 불구하고, 자신을 가꾸라는 말을 이어가는 것에는 이유가 있다. 자신의 모습을 SNS에 매력적으로 남겨야 하기 때문이다. 누가 뭐라고 하든지 트레이너는 분명 눈에 보이는 것이 중요한 직업이다. 고객들이 피티를 시작하게 되면 친구들을 만났을 때 대화 주제에 피티가 100% 포함되게 된다. 내 트레이너 정말 괜찮다는 말을 들어야지 구질구질하고 별로라는 말을 들으면 되겠는가?

피투사에서 나와 함께 일하는 직원들은 블로그도 해야 하고 인스타그램, 카카오스토리는 물론 개인 홈페이지도 만들어 관리해야 한다. 고객이 피투사 트레이너들을 잘 알고 있는 상태에서 찾아오게 하기 위해서다. 네이버는 홈페이지를 무료로 만들 수 있는 툴을 제공하고 있다. 그냥 시작하기만 하면 되는 것이다. 가끔은 기본급이라는 것이 사람들의 열정을 죽이고 있지 않는가 생각하게 된다. 트레이너는 하는 만큼 얻어가는 직업이다. 수많은 경쟁 속에서 더 치열하게 움직여야 하지 않을까?

트레이너가 이직률이 굉장히 높은 직업이라고 한다. 트레이너로 1년 동안 일했는데도 그만한 데이터가 쌓인 게 없다면, 1년 동안 제대로 일한 게 맞는지 생각해봐야 한다. 그런 트레이너는 전문직이라 할 수 없다. 생활비를 벌기 위해 잠시 아르바이트 한 것과 다를 게 없다. 지금부터라도 자신만의 데이터를 만들어가야 하지 않겠는가? 센터에 면접을 보러 갈 때도 '트레이너로 1년 동안 일했는데 이 정도 성과를 냈습니다.'라고 보여줄 게 있어야 같이 일하자는 말을 들을 확률이 높지 않을까? 이력서를 받아보면 전부 어디 헬스장에서 1년, 어디 헬스장에서 2년, 어디 헬스장에서 팀장, 이런 내용밖에 없다. 미안하지만 하나도 궁금하지 않다. 그냥 아무 생각 없이 일만 하는 사람이 되지 마라. 경력을 증명할 수 있는 사람이 돼야 한다.

카카오스토리, 블로그, 인스타그램을 막상 시작하려고 하면 또 막막해질 것이다. 바로 시작하는 것도 방법이지만, 이미 잘하고 있는 사람들의 채널에 들어가보길 권한다. 많이 보는 것만큼 좋은 공부가 없다. 그렇다고 절대로 잘하고 있는 사람과 자신을 비교하지 마라. 그런 분들은 꾸준함으로 숙달된 사람들이다. 그분들이 처음 올린 글을 찾아보면 얼마나 어색한지 알 수 있을 것이다. 시작부터 완벽한 것은 불가능하다. 자신이 쓴 글을 보고 이불킥 하는 날이 있을지도 모른다. 하지만 모두가 겪는 과정일 뿐이다. 그리고 한 번에 모든 채널들을 시작하려고 하지 말고, 하나씩 하나씩 늘려가길 바란다.

07

블로그는 필수다

길거리를 걷다 보면 가끔 전봇대에 붙어있는 전단지들을 보곤 한다. "서울대학교 출신, 연세대학교 출신 1:1 영어 과외, 수학 과외합니다. 010-1234-1234 연락주세요." 과연 이런 사람들이 어느정도 연락을 받는지 잘 모르겠다. 서울대입구역 쪽에서 트레이너 생활을 할 때, 서울대학교에 다니는 학생들을 많이 만날 수 있었다. 그중에는 과외를 해서 용돈을 버는 학생들이 많이 있었다. 어떻게 학생을 모집해서 과외를 하는지 궁금해서 물어봤다. "요즘 길거리를 걷다 보면 '과외 합니다.'라는 전단지를 많이 보는데 비슷한 방법으로 홍보를 하고 있나요?"라고 물었더니 인터넷 카페와 여러 사이트들에 자신의 인적사항을 올리면 중학생, 고등학생 어머니들이 보고 연락을 주신다는 것이었다. 과외를 구하게 되면 해당 사이트에 약간의 인센티브를 주는 방식이었다. 하지만 워낙 비슷한 스펙의 경쟁자들이 많다 보니, 구할 수 있는 과외 자리가 많지 않았다. 딱 아르바이트 그 이상 그 이하도 아니었다.

　　트레이너도 마찬가지다. 구로 헬스장, 목동 헬스장만 검색해도 수많은 헬스장이 네이버 지도에 검색된다. 심지어 건물끼리 마주 보고 있는 헬스장도 있고, 걸어서 1분 거리에 여러 헬스장들이 즐비하게 들어서 있다. 사람들은 어느 헬스장이 좋은지, 어느 트레이너가 좋은지 알 수 없다. 그저 똑같아 보이기 때문이다. 여러 군데에서 상담을 받고 한 헬스장을 선택하는 이유는 '내가 딱 찾던 곳이었어!', '나에게 적합한 곳이야.'라는 이유에서가 아니다. 그저 조금 더 친절하게 상담해줬다는 이유, 조금 더 가깝다는 이유일 뿐이다. 과외 선생님을 예로 든 것처럼, 고만고만한 사람들끼리 모여 있는 곳에서 선택받는다는 것은 쉬운 일이 아니다. 당신과 똑같이 생기고 똑같은 실력을 가진 트레이너가 있다고 하자, 당신은 어떤 트레이너를 선택할 것인가?

펭귄이 길을 걷다가 옆에 지나가는 펭귄과 눈을 마주치면 깜짝 놀란다고 한다. 자신과 똑같이 생겼기 때문이다. 고객들도 여러 트레이너를 보고 그저 모두 똑같다고 생각한다면? 자신이 선택받을 확률은 떨어질 수밖에 없다. 실력으로 승부하고 싶다면 공부를 많이 해야 하고, 몸으로 승부하고 싶다면 몸관리를 철저하게 해야 하고, 고객이 즐기면서 운동하게 만들고 싶다면 진정성 있는 자세로 승부해야 한다. 하지만 조건이 있다. 그것을 처음 보는 사람도 알아볼 수 있게 준비해야 한다는 것이다.

헬스장은 여러 가지 방법으로 홍보를 하고 있다. 커다란 간판이 고객을 불러 모으는 수단이 되기도 하고, 블로그 업체, 인스타그램 등등 온라인 광고도 많이 한다. 전단지를 길거리에서 나눠주는 방식으로도 홍보하고 있는데, 전단지에 하나같이 쓰여 있는 말이 있다. "네이버 ooo휘트니스 검색해보세요."라는 말이다. 아쉬운 점은 실제로 검색해보면 나오는 정보가 크게 없다는 것이다. 딱 봐도 돈을 받고 쓴 헬스장 이용 후기가 전부다. '깨끗하고 좋네요.'라는 성의 없는 글들이 올라와 있다. 헬스장 대표가 직접 관리하는 블로그가 나오기도 하는데 사이트로 들어가면 시설사진, 트레이너 사진, 위치설명 이상의 소개가 없어 보인다.

자신이 다니고 있는 헬스장을 검색하면 아무것도 나오지 않는다는 것은 트레이너에게 기회가 될 수 있다. 음식점에 갈 때도 그냥 들어가지 않고 검색부터 해보는 세상이 됐다. 집 옆에 헬스장이 있어도 바로 상담을 받으러 방문하는 게 아니라 시설은 어떤지, 괜찮은 트레이너가 있을지 반신반의하며 검색을 해본다는 것이다. 사람들이 "ooo휘트니스"를 검색했을 때, 자기 자신이 나오게 하라. 그 방법으로 블로그를 추천한다. 우선 비용이 들지 않고 자기소개, 고객 성공스토리, 운동정보 등등을 자세히 남길 수 있으며, 한 번 써두면 없어지지 않는 재산이 된다. 나는 홈페이지, 블로그, 인스타그램, 카카오스토리를 하고 있지만 블로그를 통해 피티 연락이 오는 비중이 90%가 넘는다. 블로그를 잘하기 위해 책을 여러 권 사서 본 것은 물론이고, 블로그 강의를 진행하는 곳을 찾아다니며 강의도 들었다. 블로그 강사 1명은 미용업계에서 블로그를 잘하는 사람이었고, 다른 1명은 블로그로 물건을 잘 파는 사람, 나머지 1명은 트레이너였다. 강의 중에서 가장 기억에 남는 말 2가지를 공유하고 싶다.

1. 블로그에 자기 자신을 표현하라. 당신이 쓴 글, 당신의 사진을 보고 찾아온 고객들은 첫 만남 자리에서 연예인을 만나는 기분을 느낀다. 당연히 선택받을 확률이 올라간다.

2. 블로그에 하루에 1개의 글을 올리는 것을 목표로 했고 1년에 365개의 글을 올렸다. 그랬더니 중국에서 트레이닝을 받기 위해 비행기를 타고 오는 고객이 생겼다. 1시간 피티를 받고 다시 비행기를 타고 돌아가신다. 그저 1일 1포스팅을 하는 모습을 보고 열심히 사는 사람에게 피티를 받아보고 싶다는 이유에서다.

처음에는 주 3회 이상 글을 올렸지만, 요즘은 2주일에 1~3개의 글을 올리고 있다. 블로그는 하면 할수록 블로그 지수가 높아지는데 블로그 지수가 높아진다는 것은 나의 글이 상위노출 될 확률이 높아진다는 뜻이다. 처음에는 주 3회씩 긴 시간 투자해서 정성스레 글을 남겼지만, 요즘은 횟수가 많이 줄었다. 블로그는 네이버라는 회사가 당신이 어떻게 생활하는지를 지켜보고 있다고 생각하면 된다. 당연히 유용한 정보를 제공해주고, 정성껏 글을 작성해주면 고맙다는 뜻에서 상위노출이라는 혜택을 주는 것이다. 글을 올리는 횟수가 줄었음에도 긴 시간 멈추지 않고 주기적으로 올리다 보니 여전히 혜택을 받고 있다.

처음에는 최소 주 3회 글을 올리는 것을 목표로 하길 권한다. 어느 정도 블로그를 꾸준히 하는 사람으로 인식되면, 그때부터 "신림동피티", "서울대입구헬스", "목동휘트니스"를 검색했을 때 첫 페이지에 자신의 글이 올라오는 걸 보게 될 것이다. 운동에 대한 정보, 운동방법, 트레이너의 일상을 일기 쓰듯이 올렸다. 1년 동안은 꾸준히 작성했음에도 피티를 받고 싶다고 연락이 오는 경우가 없었다. 1년이 딱 됐을 때 한 명으로부터 연락이 왔다. 비용을 물어서 알려드렸더니 생각보다 비싸다고 망설이셨지만 잘 알려주실 것 같다며 등록해주셨다. 내가 직접 만든 고객은 센터 측에서 지원해주는 고객과 전혀 다른 느낌이었다. 당연히 더 정이 가고, 잘해드리고 싶은 마음까지 커졌다.

트레이너는 1인 사업가라는 말이 있다. 센터의 도움을 받지 않고도, 스스로 고객을 모집할 수 있는 능력은 당연히 갖추어야 하지 않을까? 같은 트레이너라고 해도, 같은 근무시간이라고 해도, 수업이 없어 뒹굴뒹굴 시간만 때우는 트레이너가 있는가 하면, 항상 바쁘고 인기 있는 트레이너가 있기 마련이다. 급여 차이는 물론 실력 차이도 점점 벌어질 수밖에 없다. 고객을 많이 상대하고 경험해보는 게 가장 효율적인 공부이기 때문이다.

"ooo휘트니스"를 검색했을 때 소속 트레이너가 나오면 고객들도 '이 헬스장 괜찮은가 보다.'라고 생각할 확률이 높다. 블로그를 하고 있다는 것만으로 열심히 사는 사람이라는 인식이 자리 잡게 된다. 내가 다니고 있는 헬스장 장점도 찾아 올리고, 지하철 역에서 걸어오는 방법도 올리고, 다 같이 청소하고 있는 사진도 찍어서 올려보자. 직원들과 같이 운동한 사진과 회식했던 사진도 올려보자. 트레이너로서 어떻게 살고 있는지, 트레이너가 얼마나 애사심이 있는지를 보고, 믿고 가도 되는 헬스장이라고 생각하게 된다. 업주로부터 인정받는 것은 물론 자연스레 광고가 된다. 당신을 본 사람들은 이런 트레이너라면 믿고 피티를 받아도 되겠다는 생각이 자리 잡게 될 것이다.

1년을 지속했더니 그 이후로는 끊임없이 피티를 받고 싶다는 연락을 받고 있다. 블로그를 시작한 지 5년이 넘었다. 블로그의 기록은 트레이너 경력이 5년이 넘었다는 것을 증명할 수 있는 수단이 됐고, 고객들에게 믿음을 줄 수 있는 데이터가 됐다. 처음 블로그를 하는 사람이 지금의 나처럼 하려고 하면 안 된다. 블로그는 장기적인 자신과의 싸움이다. 나 역시 1년 동안 아무런 성과 없이 묵묵히 글을 썼다는 것을 기억해야 한다. 그저 알고 있는 정보를 나눠주고 공유하겠다는 선한 생각만 가지고 시작해야 한다. 시간이 지나고 때가 되면 하나의 글이 한 명의 고객을 당신 앞으로 모셔올 것이라는 사실만 기억하라.

울산에서 처음 트레이너가 됐을 때, 목욕탕에 딸린 대형 헬스장에 취직을 했었다. 목욕탕 사장님은 헬스 쪽으로 잘 모르셨던 분이어서 트레이너 경력이 있는 분을 관장으로 모셔 헬스장을 관리하게 하셨다. 그렇게 관장 1명과 직원인 트레이너 2명이 관리하는 곳이었다. 관장님은 취직한 지 얼마 되지 않으셔서 열정이 넘치셨다. 회원들에게 친절히 운동을 알려주는 것은 물론이고 웃으며 대화도 건네면서 좋은 평판을 얻기 위해 노력하셨다. 관장님은 나를 앉혀놓고 앞으로 해야 될 것들을 얘기해주셨다. 자격증을 많이 취득해서 액자로 걸어두자, 피티 가격표도 만들어서 붙이자, 블로그를 만들자는 내용이었다. 당시 나는 블로그를 한 번도 해본 적이 없었기 때문에 거부감이 있었지만 관장님의 뜻을 따르기로 했다. 하지만 9개월 동안 아무것도 실행되지 않았다.

가장 무서운 것은 알면서도 시작하지 못하는 그 마음이다. 계속하지 않는 데는 여러 이유가 있을 것이다. 하지 않았음에도 지금까지 잘 살아왔다는 생각, 그까짓 거 하지 않아도 어떻게든 살아질 거라는 생각, 절실함이 없거나 어떻게 시작해야 할지 모른다는 이유 등등이 있을 것이다. 울산 헬스장을 그만두고 5년이 넘은 지금 온라인에 관장님의 이름을 검색해봐도 아무것도 올라오지 않는다. 지금 시작하지 않으면 앞으로도 하지 않을 것이다. 지금 시작해라.

아무리 실력 좋은 트레이너라도 입으로만 자신을 알리는 것은 한계가 있다. 사람들은 눈으로 보이는 것이 있어야 믿을 수 있게 된다. 지금은 자기 자신을 잘 표현해야 하는 시대다. 쌓여가는 경력만큼, 쌓여가는 데이터와 기록이 있어야 한다. 1년이 지났는데도 트레이너로서 어떤 데이터나 기록이 없다면? 당신은 그저 1년 동안 먹고살기 위해 돈만 벌었을 뿐이다. 하루하루를 기록하는 습관은 당신을 더 괜찮은 트레이너로 성장하게 만들어줄 것이다. 지나가는 과거를 우습게 생각하지 말고, 놓치지 마라. 이해됐다면 이제 망설이지 마라. 지금 시작해야 한다. 욕심난다면 책도 사보고 강의도 찾아다녀라. 트레이닝을 공부하듯이 블로그를 배우길 바란다. 데드리프트를 잘하기 위해서는 데드리프트를 많이 하면 되듯이, 블로그도 우선 시작해보면 답이 나올 것이다.

08

블로그 주제 정하기

나는 한 명의 헤어 디자이너에게 꾸준히 방문하는 편이다. 그러다가 다른 동네로 이사를 가거나 머리를 손질해주던 사람이 퇴사를 하면 또 잘 맞는 디자이너를 찾기 위해 수많은 미용실을 방문한다. 마음에 들지 않는 헤어 디자이너를 선택한 날에는 하루에 두 곳을 옮겨 방문할 때도 있다. 보이는 직업을 가지고 있다 보니 헤어스타일에도 민감한 편이다. 커트뿐만 아니라 샴푸와 마무리까지 정성을 다해주시는 분을 찾으면 항상 그곳을 방문한다. 같은 헤어 디자이너와 만나는 시간이 길어지면 길어질수록 궁금해지는 게 있다. 이분은 어떻게 원장이라는 위치까지 올라왔을까?, 어쩌다가 미용을 시작하게 됐을까? 즉 그 사람 자체가 궁금해지는 것이다.

나를 담당 트레이너로 선택한 고객도 트레이닝을 잘해주길 바라는 만큼 담당 트레이너가 어떤 사람인지 궁금하지 않겠는가? 사람들은 다른 사람의 스토리를 궁금해한다. 예전에는 그저 비포애프터 사진을 많이 보유한 트레이너가 유리했다. 하지만 지금은 세상이 달라졌다. 너도나도 비포애프터 사진을 가지고 '저에게 피티를 받으면 이렇게 될 수 있어요.'라며 세일즈를 한다. 그러므로 이제는 나만의 스토리로 승부해야 한다. 고객이 당신만의 스토리, 당신의 마인드를 보고 끌리게 해야 한다.

블로그에 작성해야 할 첫 번째 글은 자기소개다. 왜 트레이너가 되고 싶었는지, 선택하기까지 어떤 걸림돌이 있었는지, 부모님의 반대는 있었는지, 운동을 통해 변화된 것은 무엇인지, 운동을 통해 고객들에게 진짜 느끼게 해드리고 싶은 게 무엇인지, 어떤 트레이너가 되고 싶은지, 그런 트레이너가 되기 위해서 앞으로 무엇을 할 계획인지 등을 작성하면 된다. 1년에 3개의 자격증을 취득할 것이라고 작성했다면, 분명 3개를 취득하기 위해 움직이는 자신을 보게 될 것이다. 고객에게 관리의 즐거움을 느낄 수 있게 만들어드릴 거라고 썼다면, 어떻게 하면 그럴 수 있는지 고민하게 될 것이다. 블로그를 하는 이유는 단순히 홍보가 아니다. 블로그를 쓰는 시간은 자기 자신을 만나는 시간이다. 글을 쓰다 보면 진정 내가 원하는 게 무엇인지, 앞으로 해야 할 게 무엇인지 방향이 나오게 된다.

두 번째는 일상이다. 쉬는 날에는 무엇을 했는지, 식단은 어떻게 했는지, 공부를 했다면 왜 했는지 일기처럼 남겨보는 것이다. 블로거는 사진을 자주 찍는 습관을 가져야 한다. 무엇을 먹든, 누구를 만나든, 무엇을 보든 사진으로 남기는 것을 습관화하자.

블로그는 많은 사진을 올리는 것이 좋다. 구구절절 긴 글보다 사진 한 장이 이해가 빠르다. 짜파게티를 2개 먹은 날이면 그저 행복했다고 쓰자. 그러면서 고객들도 운동하는 즐거움과 먹는 즐거움을 동시에 누리며 관리할 수 있게 돕고 싶다고 다짐하면 된다. 닭 가슴살 식단만 올리는 인간미 없는 모습은 보여주지 말자. 고객들은 잘 먹으면서 관리해도 멋진 몸매를 가질 수 있기를 원한다. 닭 가슴살만 먹으면서 관리하면 당연히 몸이 좋아질 것이라는 것 정도는 알고 있다. 그런 모습으로는 절대 동기부여가 되지 않는다. 인간미가 묻어나지 않는 글은 의미가 없다.

트레이너는 분명 동기부여 전문가가 돼야 한다. 운동과 더 멀어지고 싶게 만드는 게 아니라, 나도 할 수 있겠다, 나도 먹으면서 관리할 수 있을 것 같다는 생각이 들게 만들어야 한다. 여행을 하는 일상도 남겨보자. 트레이너가 즐거운 인생을 살아야, 매일 만나는 고객도 즐겁게 해드릴 수 있다. 일에 찌들어있는 모습은 제일 먼저 고객이 느낀다. 트레이너가 행복해야 고객에게 행복한 웃음을 선물해드릴 수 있다.

세 번째는 운동 정보다. 운동 정보를 올리기 위해서 멈출 수 없는 것이 공부라는 것을 알게 될 것이다. 술이 운동에 미치는 영향, 공복 운동의 효과, 카페인이 운동에 미치는 영향 등등 알아야 정보를 제공할 수 있다. 트레이너가 쉽게 줄 수 있는 정보는 운동방법이다. 삼각대를 이용해도 좋고, 동료에게 부탁해서 영상을 찍어달라고 해보자. 여러 방향에서 운동하는 모습을 사진으로 남기자. 벤치프레스 방법 포스팅 할 생각이라면 손 위치, 바를 내리는 위치, 팔꿈치를 다 펴야 하는지 말아야 하는지, 발바닥을 땅에 붙이는 방법 등등 자세한 설명과 사진을 올려야 한다. 운동 정보에 관한 글이 많아질수록, 더 전문성 있어 보이게 된다.

네 번째는 담당 피티 고객들을 보여주는 포스팅이다. 자신을 소개하고, 삶을 즐기는 사람이라는 것과 전문성 있는 트레이너라는 사실이 충분히 전달되었다면 이런 사람에게 피티를 받으면 어떻게 되는지 보여줌으로써 신뢰를 주는 포스팅을 완성한다. 앞서 말한 것처럼 핸드폰에는 고객들의 사진이 몇 장씩 준비되어 있어야 한다. 관리하는 고객이 많아 보일수록 좋다. 블로그에 사진을 올릴 때는 당연히 사전에 허락을 받아야 한다. 솔직하게 말하고 부탁드리면 허락하는 사람이 많다. 트레이너에게 고마움을 가지고 있는 고객이라면 한 명도 빠짐없이 담당 트레이너가 잘될 수 있도록 도와주려 할 것이다.

"이제부터 블로그를 하려고 하는데, 제 첫 번째 블로그 주인공이 돼주실 수 있으실까요?"

"제가 블로그를 하고 있는데, 사실 고객님이 제 첫 번째 고객이라서 첫 번째 포스팅으로 의미 있게 남겨도 될까요?"

"미진님, 운동하는 모습을 제 블로그에 올릴 건데, 하고 싶은 말이 있어서요! 편지로 남길 테니 읽어봐요. 완성되면 링크 보내드릴게요."

"블로그를 시작하게 됐는데, 우리의 운동 과정을 올려도 될까요? 허락해주시는 분께는 감사한 마음으로 피티 수업 1회를 제공해드리고 있어요."

권장하는 방법은 허락해주신 만큼 감사한 마음으로 서비스 수업을 제공해드리는 것이다. 고객 입장에서는 트레이너를 도울 수 있어서 좋고, 서비스 수업까지 받으니 더 좋은 일이다. 윈윈 전략은 언제나 가장 현명한 방법이다. 고객이 사진을 블로그에 올리도록 허락해주셨다면 거기에 맞는 보상을 해드리는 거나 감동을 드리는 것이 필요하다. 고객님이 피티를 선택한 이유, 현재 인바디 상태, 함께 찍은 사진 등등을 올리고 자세하게 소개해 보자. 포스팅 끝에는 편지를 남기는 방법을 추천한다. 방법은 간단하다.

To. 미진님
미진님, 어느덧 우리가 만남을 가진 지 2주일이 지났네요. 한 번도 운동을 해보지 않았다며 걱정하던 모습이 아직도 생생해요. 우리 첫 번째 수업 때, 같이 찍은 사진을 보니 그때 기억이 떠올라서 괜히 미소 짓게 되네요. 얼마나 노력하고 계신지, 몸도 마음도 힘들 거라는 거 알고 있어요. 매일 야근하시고 수면 부족이라고 말씀하시면서도 운동 약속 시간은 칼같이 지켜주시는 모습을 보면 그저 감동입니다.

빨리 체력도 늘고, 운동 효과를 스스로 느끼셔서 웃으며 관리하는 날이 왔으면 좋겠어요. 확실하게 말씀드릴 수 있는 건 1월의 모습, 2월의 모습은 분명 지금과는 많이 달라져 있을 거라는 점입니다.

이대로라면 내년 이맘때쯤 고객님의 모습이 어떨지 벌써 궁금해지네요. 믿고 선택해주셔서 감사드려요! 믿고 선택해주신 만큼 '아, 잘 찾아왔구나!'라고 느끼실 수 있도록 저도 열심히 하겠습니다. 밝은 미래를 위해 파이팅!

- 우리의 첫 만남을 기념하며

분명 온라인에 자신의 모습이 노출되는 것을 꺼리는 분들도 있다. 그런 분들은 모자이크 처리로 배려해드려도 좋다. 고객을 생각하는 진실한 마음으로 작성했다면 고객님께 링크를 보내드리자. "미진님을 생각하며 포스팅 해봤어요! 밑에 하고 싶은 말도 적어뒀으니까 확인해주세요! 우리 진짜 열심히 해서 좋은 결과 꼭 만들어봐요! 고객님이 저를 선택해주신 만큼 제대로 보답할게요. 감사합니다."

글은 진심을 전달하는 데 가장 좋은 수단이다. 글 주변이 없다 해도 진심은 통하게 되어있다. 트레이너의 진정성 있는 마음이 전달된다면 고객님도 따뜻한 하루를 선물받은 기분을 느끼게 될 것이다. 그리고 그 믿음에 보답하려고, 야식으로 치킨이 먹고 싶어도 응원해주는 트레이너의 얼굴을 떠올리며 달걀 프라이로 대체하게 될 것이다. 고객은 혼자 관리하는 게 아니다. 트레이너와 함께하고 있다는 것을 느껴야 효과가 증가된다. 1편은 고객 소개였다면, 2편은 어떻게 변하고 있는지를 인바디와 체형 사진 등으로 공유하면 된다. 1편, 2편, 3편 계속해서 한 고객의 스토리를 보여주는 것이 가장 좋다. 블로그를 구독하는 독자에게 궁금증을 유발시킬 수 있고, 블로그에 변화되는 모습을 계속 보여주고 싶은 욕심에 고객을 더 집중적으로 관리해드리게 된다.

꼭 좋은 결과만을 올리지 않아도 된다. 오히려 다이어트 하는 사람이 살이 쪘다거나, 고액을 주고 피티를 시작했음에도 수업에 잘 나오지 않았다거나 하는 사실을 올려도 좋다. 실패하는 것도 올려줘야 더 믿음직한 사람이라는 신뢰가 생길 수 있다. 다이어트를 하는 사람이 살이 쪘다면 그 이유에 대해서 분석하고, 다른 방법을 추가해서 관리하기로 약속했다고 하면 된다. 예를 들어 출석 체크리스트를 만들어 1주일에 4회 나오기 프로젝트를 진행하고 있으며, 평일 4회 나오기를 실패할 시 주말에 같이 타바타 운동을 하기로 했다며 솔직한 내용을 선전포고하면 된다. 스트레스 받는 일이 많아 퇴근 후에 배달음식을 시켜 먹는 경우가 많았는데, 앞으로 야식이 생각날 때는 견과류를 먹기로 했다는 식으로 말이다. 체크리스트에 대한 인증샷 사진과 정말 주말에 같이 운동을 했다면 그런 내용도 좋은 블로그 주제가 된다. 글을 사실만 가지고 잘 써주면 고객도 만족을 느낄 수 있다. 실제로 또 올려주지 않는다고 서운함을 표현하는 고객도 여럿 있다. 꼭 기억해야 한다. 트레이닝은 고객과 트레이너가 함께 만들어가는 추억이다. 다섯 번째는 고객 후기다. 후기를 받는 방법과 후기가 주는 효과는 다음 장에서 공유하겠다.

09

후기를 받아라

서울로 와서 취미가 생겼다. 혼자 영화관을 가는 것이다. 아메리카노 혹은 생수 한 병을 사서 2시간 동안 화면에만 집중하다 보면 잡생각도 들지 않고 온전히 나만의 시간을 보낼 수 있다. 울산에서 살 때는 혼자 영화 본다는 것은 상상도 하지 못했다. 혼자 무언가를 하는 문화가 자리 잡혀 있지 않아서 주변사람들의 시선을 크게 의식했던 것 같다. 영화를 보는 게 취미다 보니 온라인상에서 '현재 상영작'이라는 검색을 자주 한다. 개봉예정작도 친절하게 나오는데 들어가서 줄거리도 읽어보고, 예고편도 보면서 이 영화가 볼 만한 가치가 있는지 충분히 체크한다. 이미 상영 중인 영화는 사람들의 평점을 주로 참고한다. 예고편을 보고 개봉일을 기다렸음에도 평점, 즉 후기가 나쁜 경우에는 영화 관람을 할지 말지 고민하게 된다. 별을 1개씩 단 실망스러운 후기가 수두룩하게 달리면 도대체 어느 정도기에 이런 평가를 받을까 궁금해서 보러 가는 경우도 있다. 하지만 보고 나면 여지없이 후회한다. 보통 별 1개가 많은 영화는 그만한 이유가 있었다.

영화도 비용이 많이 올랐다. 주말 기준 12,000원이다. 사람들은 12,000원과 맞바꾼 2시간이 흥미롭지 않거나 지루할 경우 온라인상에 냉혹한 평점을 남긴다. 2시간짜리 영화를 만들기 위해 감독과 배우들이 몇 년, 몇 개월을 고생했다는 걸 알지만 고객들은 들인 비용과 시간 대비 결과물이 만족스럽지 않으면 욕을 하거나 혹평을 남기거나 주변사람들에게 그 영화를 보지 말라고 말린다.

트레이너도 똑같다. 영화는 12,000원에 2시간이지만, 트레이닝은 겨우 50분에 5만 원이 넘어간다. 트레이너가 되기 위해 자신이 어떤 준비를 했을지라도 사람들은 그 50분에 당신을 판단하게 될 것이다. 수많은 고민을 하며 공부를 하고, 철저히 자신을 관리하며 준비했더라도 고객은 오직 투자한 시간과 비용에 비해 그 시간이 가치 있는지를 판단하게 된다. 형편없는 시간이었다면, 절대로 저기서 피티를 받지 말라며 입소문을 퍼뜨릴 테고, 수많은 잠재고객들을 놓치게 될 것이다. 반대로 50분의 시간에 만족하거나 감동했다면, 고객은 수많은 잠재고객들을 불러오게 될 것이다. 모든 사람을 완전히 만족시키는 것은 불가능하다. 하지만 트레이너의 행동에 따라 만족, 불만족이 결정되는 건 명확하다. 최소한 후회하는 선택이 되지 않게 해야 한다.

나는 피티 계약 기간이 끝날 때쯤 고객에게 후기를 써달라고 부탁드린다. 후기를 받는 용지에는 '퍼스널 트레이닝 솔직한 후기'라고 큰 제목이 적혀있고, 그 아래에 '담당 트레이너로서 퍼스널 트레이닝에 대한 솔직한 후기를 받고 있습니다. 번거롭겠지만 소감을 적어주시면 고객님의 목소리를 귀담아 듣고 더욱 발전하는 퍼스널 트레이너가 되도록 노력하겠습니다.'라고 적혀있다. 가끔 정말 이분은 만족하지 못하셨을 것 같다는 생각이 들지만 그래도 후기 용지를 드리고 있다. 물론 좋지 않은 말이 적힐 때도 있다. 프로그램의 다양성이 부족해 지루했다거나 식단관리를 조금 더 해주면 좋겠다거나… 등등 많은 피드백이 적힌다. 한 고객의 불만은 지금 관리하고 있는 다른 고객들의 불만과 같을 경우가 많다. 그런 사실들을 참고하고 받아들이면 앞으로 더 좋은 후기를 받게 될 것이다. 고객들은 하나하나 변하고 있는 모습들을 트레이너에게 알려주지 않는 경우가 있다. 항상 표정이 좋지 않으셨던 분이 있었다. 다이어트를 하러 왔는데 운동은 항상 힘들어하셨고, 수업을 억지로 나오시는 것 같았다. 체중이 많이 줄지도 않았다. 그럼에도 그분에게 후기를 써달라고 부탁드렸다. 그런데 그분은 A4 용지 두 페이지를 가득 채워오셨다. 나는 그 고객님이 운동을 통해 변하고 있다는 것을 알아차리지 못했지만 후기에는 수많은 운동 효과들과 변화들이 빼곡히 적혀있었다.

"과체중과 근력부족으로 심한 요통에 시달리고 있었고, 1시간 이상 서있지 못했고, 구두를 신으려고 숙이면 허리가 삐꺽거렸다. 그런 날은 침대에 똑바로 눕지도 못하고 끙끙 앓을 정도로 통증이 심했다. 만성편두통은 물론 허리통증이 일상이었다. 그런

데 며칠 전 시간 가는 줄 모르고 3시간 동안 서서 전시회를 관람했다. 오랫동안 서있는 상태로 통증 없이 무언가에 집중할 수 있다는 것이 무척 기뻤다. 요통과 무릎통증으로 고통을 받는 분이라면 피티야말로 특효약이라고 알려드리고 싶다. 일단 시작하면 삶의 질이 향상될 것을 장담한다. 주 1회밖에 수업을 받지 않았지만 선생님께서 늘 웃는 얼굴과 긍정적인 조언으로 힘을 북돋워주셔서 감사하다. 내가 반년 동안 포기하지 않고 운동을 할 수 있었던 이유다."

이 후기를 받고 깜짝 놀랐다. 이 고객님과는 운동을 하면서 대화도 거의 없었다. 따라서 무슨 운동 효과를 느끼고 있는지 알 수 없었다. 그저 체중 변화가 없었기 때문에 만족하지 못하고 있을 거라고만 생각했다. 그런 분께서 운동 덕분에 삶의 질이 높아졌다고 작성해주셔서 얼마나 감사했는지 모른다. 후기를 받지 않고 피티를 마쳤다면 그 고객에게 어떤 운동 효과가 있었는지, 어떤 불만사항이 있었는지 하나도 몰랐을 것이다. 이분의 후기를 받고는 다른 고객들의 통증 정도, 불편한 점 등을 더 자세하게 체크해드리게 됐다. 다이어트가 목적인 사람이라고 해서 꼭 체중에 변화가 있어야만 만족하는 게 아니었다. 고객은 함께했던 50분을 진심으로 대해준 내 모습을 좋게 생각해주셨다.

나는 이제 상담을 받으러 온 대부분의 사람들에게 보여줄 피티 후기들을 확보해놓고 있다. 운동 목적이 무엇인지 알기만 하면 적당한 후기를 골라 보여드린다. 체력이 약해서 걱정이라고 하는 사람에게는 체력적으로 신도림역 계단을 오르는 것도 힘들 어했던 분이 지금은 뛰어다니고 있다고 적혀있는 후기를 보여드 린다. 그냥 혼자 운동을 할지, 피티를 받을지 고민된다고 하는 사 람에게는 피티 비용이 부담돼서 혼자 운동했다가 잘못된 운동 자 세로 다쳐서 병원비가 들고 나서 피티를 선택하게 됐다는 분의 후기를 보여드린다. 또 상담하는 고객님의 나이와 비슷한 나이의 고객님이 작성했던 후기를 보여드린다. 사람들은 자신과 비슷한 상황의 사람들이 작성한 후기를 보면서 공감하고 믿음을 가지게 된다.

저는 어떤 트레이너고, 저에게 피티를 받으면 몇 킬로그램 을 뺄 수 있고, 이런 구구절절한 말들이 더 이상 필요 없다. 어차 피 고객들은 그 말을 다 믿지 않는다. 세일즈를 하고 있다고 생각 할 뿐이다. 고객은 언제나 경계하고 있다. 믿음을 주는 방법은 트 레이너의 말이 아니라, 트레이너와 함께했던 고객이 직접 작성한 후기다.

트레이닝 후기를 블로그에 올리는 것은 최고의 마케팅 효 과를 낼 수 있다. 후기들을 보고 나에게 피티를 받고 싶다며 연락 이 온다. 트레이너 경력이 쌓이는 만큼 후기도 쌓인다. 당뇨 후기, 허리통증 후기, 체력 증가 후기, 다이어트 후기, 1달 운동 효과 후 기 등등 수많은 종류의 후기들을 나는 이미 확보하고 있다. 블로그에 내게 카톡을 보낼 수 있는 링크가 있는데 그걸 통해 피티 문의가 들어온다. 그럼 운동 목적을 물어보고, 비슷한 케이스의 고객 후기를 링크로 보내드린 후 자연스럽게 방문 상담을 예약해드린다. 고객이 방문했다면? 등록할 확률은 90%가 넘는다.

블로그에는 200개가 넘는 글이 작성돼 있다. 실제로 200개가 넘는 글들을 전부 읽고 방문해주시는 분들도 있으시고, 단 하나의 글을 보고 방문해주시는 분도 있으시다. 분명한 것은 후기를 보고 오셨다고 먼저 말씀해주시는 분들이 많다는 사실이다. 후기를 읽다 보면 '나도 할 수 있겠는데?'라는 자신감이 생기게 된다. 신도림역 계단도 못 오르던 사람이 뛰어다닌다는 후기를 보고 '괜히 걱정했네? 난 이 정도는 아니니까 더 잘할 수 있겠다.'는 생각이 들게 된다. 명심해야 한다. 12,000원짜리 영화를 볼 때도 평점과 후기를 보는 시대다. 트레이너라면 최선을 다해서 고객 후기를 확보해야 한다. 방법은 간단하다. 당신이 받고 싶은 후기를 위해 고객에게 그 이상의 서비스를 제공해주면 된다.

알겠지만 우리나라에서 트레이너에 대한 평판은 매우 좋지 않다. 피티 가격을 보고 미쳤다고 말하는 사람도 많다. 한 번 피티를 받고는 다시는 피티를 받지 않을 거라고 말하는 분들을 주변에서 쉽게 찾을 수 있다. 지금 내가 관리하고 있는 고객들 중에도 다시는 피티를 받지 않겠다고 다짐했던 분들이 많다. 그런 분들이 내게 피티 받겠다며 먼저 연락을 준 이유는 내 고객들이 손수 작성해준 트레이닝 후기 덕분이다. 후기를 보면 '이 트레이너는 뭔가 다른가 보다', '피티에 대해 나쁜 인식을 가졌었지만, 이 분에게는 한 번 받아보고 싶다', '예전 트레이너는 가짜였고, 진짜 트레이너인가보다.'라는 생각이 든다.

후기를 써달라고 부탁드릴 때 괜히 번거롭게 해드리는 것 같아 미안한 마음이 들 수 있다. 과거에 내가 그랬다. 후기를 써 달라고 말하는 게 부담을 주는 것 같고, 바쁘실 텐데 일거리를 주 는 것 같아 미안한 마음이 든다면? 후기를 써주시는 분께는 서비 스 수업을 하나 드리고 있다고 말씀드리면 된다. 절대로 서비스 수업을 드리는 것에 대해 아까워하지 말자. 후기 한 장은 트레이 너 인생에서 가장 중요한 데이터가 된다. 지금은 고객들에게 후 기를 써달라고 부탁드릴 때 그런 미안한 마음을 가지지 않는다. 후기를 받을 만한 가치를 제공했는가, 아닌가만 생각할 뿐이다. 또 이미 고객들이 후기를 보고 방문하셨기 때문에 자기도 써야 한다는 것을 알고 있는 경우가 많다.

"후기는 언제 써드리면 되나요?"라고 먼저 물어보신다. 혹은 이미 후기에 무슨 말을 쓸지 생각해놨다고 말씀해주시는 분들도 많다. 고객의 작은 것 하나에도 귀 기울여야 한다. 다시 한번 말하 지만 고객들은 자신에게 어떻게 대해줬는가만 기억한다. 고객들 이 진심으로 남겨주신 후기를 받으면 트레이너라는 직업을 선택 하길 참 잘했다는 생각이 들 것이다. 후기를 읽다가 그런 생각이 든 적이 있다. 다시 태어나도 트레이너가 될 것이라고 말이다.

한 사람, 한 시간

피티 숍에서 월 평균 30만 원을 받으며 고시텔에서 살고 있을 때였다. 숍에서 걸어서 1분 거리에 살면서 고객은 4명 정도 보유하고 있던 때였다. 토요일이어서 깊은 잠에 빠져있었다. 그런데 갑자기 노크 소리가 나서 문을 열었더니 팀장님이 서 계셨다. "창현아! 고객님이 오셨는데 아직 자고 있으면 어떡해." 토요일 날 수업을 하기로 약속했는데, 잊고 있었던 것이다. 놀라서 양치만 하고 바로 뛰어갔다. 고객님께서는 애써 웃고 있었지만, 신뢰를 깨뜨렸다는 생각에 나 자신에게 화가 났다. 고객이 몇 명 없을 때는 한 분 한 분과의 약속 시간을 기억할 수 있겠지만, 고객이 많아지면 약속 시간에 대한 기억은 흐릿해진다. 자신의 기억을 믿지 않는 것이 속 편하다. 트레이너라면 꼭 주간계획표를 구매해서 고객과의 피티 시간을 무조건 기록해두는 습관을 가져야 한다.

고객과의 약속 시간을 체크해놓다 보면 비어있는 시간이 눈에 들어오고, 그 시간에 무엇을 할지 계획할 수도 있게 된다. 계획을 하지 않는 것은 실패를 계획하는 것이라는 말이 있다. 출근해서 자유롭게 시간을 쓸 수 있는 근무 환경이라면, 비어있는 시간들을 알차게 써야 한다. 수업이 예정된 고객에게 어떤 프로 그램을 사용할지 계획해야 할 것이고, 출석률이 좋지 않은 고객 에게 관심 어린 연락을 넣어야 할 것이고, SNS를 업데이트한다 거나 책을 읽거나 공부를 하며 미래를 준비하는 시간도 계획하면 될 것이다. 오직 현장에만 집중해야 하는 근무 환경이라면, 혼자 운동을 하는 헬스장 회원들과 친해지는 것을 목표로 삼아 말도 걸어보고, 운동 동작도 알려드리며 관계를 형성하는 계획을 세우 면 된다.

어딜 가든 인정받는 트레이너가 있기 마련이다. 매출 실적, 고객 만족도 등 배울 점이 많은 사람이 있다. 하나라도 배우겠다 는 생각으로 그런 분들을 관찰하다 보면 시간을 알차게 사용한다 는 공통점이 있다. 수업이 비어있는 시간에 무엇을 할지, 예약된 피티 수업이 취소됐을 때 무엇을 할지, 이미 계획이 세워져 있는 경우가 많다. 시간관리를 잘하는 사람이 돼야 한다는 말을 들으 면, 피곤하게 살고 싶지 않다고 말하는 사람이 있는데 그건 경험 해보지 않았기 때문에 할 수 있는 말이다. 시간관리를 잘하는 사 람들은 과연 피곤하게 살고 싶어서 시간을 관리하는 걸까? 아니 다. 더 효율적으로 살기 위해 자신의 시간을 관리하는 것뿐이다.

아마 트레이너라면 공감할 것이다. 가장 감사한 고객은 트레 이너와 약속된 피티 수업 시간을 잘 지켜주는 고객이다. 보통 수업을 진행한 것만큼 급여가 나오는 시스템이기 때문에 갑작스럽게 수업이 취소되면 시간도 날아가고, 예상했던 급여에도 차질이 생겨 감정적으로 불쾌할 수 있다. 당연히 그런 분들은 운동 효과와도 거리가 멀어지니 담당 트레이너로서 여러 가지로 불편하다.

약속된 피티 수업을 당일에 취소하는 사람들이 있다. 갑작스레 야근이 잡혔다거나 피곤하거나 아프다거나 등등 많은 이유가 있을 것이다. 트레이너도 사람이다 보니 약속된 시간을 갑자기 바꿔달라 하면 당황할 때가 많다. 그렇다 해서 "이런 식으로 하시면 곤란하다", "당일 취소하셨으니 오늘 수업은 진행한 것으로 처리하겠다", "진단서를 보내라."라고 말하는 것은 앞으로 고객을 보지 않겠다는 소리와 같다. 고객 입장에서는 하기 싫은 야근 때문에 그렇지 않아도 스트레스를 받고 있는데, 가고 싶어도 못 간다는 건데, 아파 죽겠다는데 그런 마음은 헤아려주지 않는 트레이너가 인간적으로 보이지 않을 것이다. 트레이너를 좋게 보고 재등록까지 할 생각이었더라도 감정적인 말이 오가면 관계에 금이 갈 수밖에 없다. 앞으로 재등록을 하지 않을 사람, 다시는 보고 싶지 않은 사람이라도 말 한마디, 행동 하나 따뜻하게 할 수 있어야 한다. 그러므로 당일 취소를 자주 하는 사람을 어떻게 대처해야 할지에 대한 대화 매뉴얼을 준비해서 가지고 있어야 한다.

나와 1년을 넘게 피티를 하고 있는 분이 있으시다. 처음에는 피티 약속 시간도 잘 지키고 운동도 열심히 하셨는데, 한 번씩 약속을 취소하는 날이 생기고 있었다. 그때마다 다음 수업 때 뵙자고 말씀드리곤 했는데, 그것이 반복되자 고객님이 나와의 약속시간은 어겨도 되는 시간으로 생각하고 있는 게 느껴졌다. 월, 수, 금 오후 4시에 항상 수업을 예약하셨던 분이었는데, 3시~3시50분이 되면 오늘 몸이 좋지 않다거나, 차 사고가 났다거나, 일 마무리가 늦어졌다며 못 간다는 연락이 왔다. 그렇게 일주일 내내 나오지 않는 주도 있었고, 3회 모두 나오는 주는 얼마 되지 않았다. 취소 확률이 70%가 넘었다. 월, 수, 금 아침에 눈을 뜨면 이분에게서 또 취소 연락이 올까 봐 스트레스를 받고 있었다. 오랜 시간 나를 선택해줬다는 고마움이 얼굴도 보기 싫은 미운 사람으로 탈바꿈되기 시작했다. 취소를 해도 싫었고, 수업 약속을 지키러 나와도 반갑게 느껴지지 않았다. 재등록을 하지 않았으면 좋겠다는 생각이 들 정도였다.

약속을 취소하는 사람이 잘못된 것일까? 약속 취소를 받아주는 사람이 잘못된 것일까? 남을 미워하는 마음을 품고 있어봐야 상대는 알아채지 못하는 것이고 혼자 스트레스를 받을 뿐이다. 이런 관계가 지속된다면 운동 효과도 없을 것이고, 사람 대사람의 관계에서도 거리가 생길 것이고, 피티의 가치는 계속해서 떨어질 뿐이었다. 고객님이 계속 취소를 하실 때 현명하게 대화했다면 어땠을까 싶다. 최소한 5분 전에 취소하는 일은 반복되지 않았을 것이고, 분명 서로 존중하는 관계가 유지됐을 것이다. 트레이너 인생 최고의 실패 케이스였다. 나를 믿어주셨기 때문에 계속 재등록해주는 분이었는데, 안 좋은 감정이 생길 때까지 아무 말도 하지 못한 나 자신이 부끄럽고 죄송스럽다.

　　매번 당일에 피곤하다는 이유 혹은 회식이라는 이유로 카톡을 넣고 수업을 취소하는 분이 또 한 명 있었다. 13번의 수업 약속을 했는데, 8번은 나오고 5번을 취소하셨던 분이다. 어겨도 되는 약속이라고 생각하는 것 같아 기분이 나빠지고 있는 상태였다. 위 사례를 생각하면서 이번에는 얼른 표현을 해야겠다고 다짐했다. "○○님~ 오늘까지 8번 수업을 진행하셨는데, 5번째 당일 취소네요. 앞으로는 수업 횟수가 차감되오니 신중하게 예약해주시거나 꼭 미리 말씀해주시면 감사하겠습니다." 고객님께 미안하다는 답장이 왔지만, 얼굴을 마주했을 때 서먹서먹한 느낌이 드는 것은 어쩔 수 없었다.

　　고객과의 관계를 멀어지게 만드는 말은 아끼는 게 좋고, 소통하지 않아서 문제가 생길 것 같으면 애초에 파악하고 대화해 나가야 한다. 위 두 명의 사례는 어찌 보면 둘 다 미숙해서 실패한 케이스다. 똑같은 상황의 고객이 발생하지 않도록 난 연구해야 했다. 같이 일하던 트레이너 선배님이 내게 이런 질문을 한 적이 있다. "친하지도 않고 불편한 사람, 심심하면 수업 약속을 취소하고 운동도 제대로 하지 않는 고객이 있다면 재등록을 받기 위해 노력할 것이냐? 아니면 그냥 포기하고 빨리 계약을 끝낼 것이냐?"는 질문이었다. 나라면 어떻게 할까 고민하다가 대답했다. "그런 분들은 과감히 정리해야 합니다. 다른 분에게 피해가 됩니다." 선배님은 바로 표정이 굳으며 실망이라고 말씀하셨다. 잘 보이고 싶던 선배였기에 실망이라는 말씀에 뜨끔할 수밖에 없었다. 그러면서 말씀하시길 "그런 분들과도 더 친해지려고 노력하고, 꾸준히 관리할 수 있게 만들어드려야 네가 성장할 수 있다."는 것이었다. 피티를 등록하러 찾아온 사람에게 세일즈하는 것은 쉽고, 나와 친한 고객에게 재등록 받기도 쉽다. 하지만 그것은 실력이 아니다. 피티를 받을 생각이 없고 기구 사용법이나 배워보자고 트레이너에게 부탁을 했는데 피티를 받고 싶게 만드는 것, 불만이 가득해 보이는 고객을 내 사람으로 만들어 꾸준히 관리하는 것, 운동이 싫다는 사람에게 흥미를 붙이게 해주는 것, 이런 케이스가 많아지는 것이 실력이 느는 증거라는 것이다. 인간 대 인간으로 고객에게 마음을 살 수 있어야 한다는 것이다. 그 말이 무슨 뜻인지 알게 되는 데까지는 얼마 걸리지 않았다.

절대로 감정이 포함된 말은 카톡이나 문자 같은 글로 남기지 말라고 조언하고 싶다. 카톡으로 쓴 글은 오해의 소지가 있고, 받아들이는 사람에 따라 다르게 해석될 수 있다. 고객이 기분 나쁘지 않게 표현하는 법도 연습이 필요하다. 한 번에 여러 개의 수업을 예약하게 하는 것, 고정 시간에 예약을 잡아주는 것도 추천하지 않는다. 한 번에 딱 1회씩만 예약을 가능하게 했더니, 수업 취소가 확실하게 줄어들었다. 월, 수, 금 예약을 해놓은 사람은 월요일에 운동을 하지 않으면 수요일 날 가면 된다고 쉽게 생각하는 경향이 있다. 한 주 내내 고정 시간에 수업을 예약해두면 금요일은 회식이 잡혔다거나 수요일은 빼달라는 등 스케줄 변경 요청이 많아 버려지는 시간이 많다.

담당 트레이너와 약속 시간을 잡는 것도 희소성을 부여하는 게 필요하다. 한 번 취소를 하면 다시 예약을 잡는 데 번거로움과 수고가 든다는 사실을 알면 웬만하면 약속을 지키려 한다는 걸 알았다. 예약은 최대 한 번만 가능하게 하라. 피티 수업을 마쳤을 때 서명을 받으며 다음 수업을 예약하는 방법을 추천한다. 한두 번 취소하는 것을 내버려두면 고객의 입장에서 약속을 어겨도 아무 문제가 없다고 생각하게 된다. 친한 친구와도 약속을 자꾸 어기면 신뢰가 깨지는데, 트레이너라면 고객과 시간적 신뢰가 깨지는 것을 두려워해야 한다. 추천하는 방법은 취소가 반복될 때 초기에 표현을 하되 꼭 얼굴을 보면서 진심 어린 대화를 해야 한다는 것이다.

"계약할 때 설명드렸다시피 원래 당일 취소한 수업은 차감이 되는 게 원칙입니다. 하지만 고객님이 바쁘신 것도, 피곤한 것도 알고 있기 때문에 그렇게 하는 일은 없을 겁니다. 다만 하루라도 더 얼굴 뵙고 더 좋은 운동효과를 드리고 싶어요. 고객님과의 약속 시간을 철저하게 지키기 위해서 그 시간만큼은 신규 상담 일정도 잡지 않고, 다른 사람들이 그 시간을 원해도 불가능하다고 말씀드리고 있어요. 갑작스레 취소하는 일이 반복되니 센터에 눈치도 보이고, 고객님의 운동 효과도 떨어질까 염려가 됩니다.

야근이 예상되거나 휴식이 필요하다고 판단되면 하루 전에 미리 말씀해주시면 안 될까요?"라고 기분 나쁘지 않게 속에 있는 말을 건네보자.

이런 대화가 어렵다면 다른 추천 방법이 있다. 야근을 한다고 수업을 취소하면서 죄송하다고 연락한 고객에게 수업을 차감하겠다는 말 대신 밥은 먹고 일하냐며 파리바게트 샐러드 기프티콘을 보내보자. 혹은 커피와 케이크 기프티콘을 보내드리며 요즘 너무 바쁘신 것 같아서 커피 한잔하시면서 여유를 가지시면 좋겠다고 말해보자. 고객님은 미안해서라도 담당 트레이너와의 약속을 지키려고 할 것이다.

야근으로 잠 한숨 못 잤음에도 수업 약속을 지키러 나오시는 분들이 있으시다. 그런 분들에게는 억지로 운동을 진행하지 말고, 근막이완이든 스트레칭이든 폼롤러든 편하게 휴식할 수 있는 시간을 제공해드려 보자. 피곤하실 텐데 이렇게 약속 지키러 나와주셔서 감동이라는 말, 고맙다는 말과 함께 '당연히 서명은 없는 거 아시죠? 오늘은 서비스입니다.'라고 말해보자. 대신 다음에는 좋은 컨디션으로 나와 달라고 말하며 다음 수업을 예약해드리자. 피티 수업이 차감될까 봐 억지로 약속을 지키는 사람보다 자신에게 잘 대해준 트레이너에게 의리 있게 약속을 지키는 사람이 당연히 운동 효과도 좋다. 트레이너가 자신을 돈으로 본다, 어쩔 수 없는 서비스를 하고 있다는 느낌이 들면 그건 희망이 없는 관계다. 진심으로 고객의 변화를 돕는다는 것을 느끼게 해드려야 한다.

중학교 때 중간고사, 기말고사 기간이 내겐 너무 행복한 시간이었다. 수업이 일찍 마치는 날이었기 때문이다. 수학, 과학, 사회 등등 OMR카드에 모두 3번으로 체크하고 재빨리 엎드려서 취침을 하곤 했다. 내가 손을 들어 OMR카드를 바꿔달라고 하면 '또 자다가 OMR카드에 침을 흘렸구나.'라고 생각되는 수준이었다. 하지만 도덕 시험만큼은 늘 상위권에 속했다. 딱히 그 과목에 관심이 있어서가 아니다. 도덕 선생님이 좋아서 수업시간이 재밌었고, 나에게 잘해주셔서 실망시켜 드리고 싶지 않았기 때문이다.

고객에게 운동 효과가 잘 나오지 않는다면 운동 나와라, 먹지 마라, 이런 말을 하기 전에 자신의 행동을 되돌아보아야 한다. 이 고객에게 나는 어떤 트레이너일까? 꼭 생각해봐야 한다. 아무리 트레이닝 실력이 좋아도 사람 냄새가 나지 않는다면 무슨 소용이 있겠는가? 트레이너라면 언제까지 고객이 많을 거라는 생각은 버리는 게 좋다. 고객 한 사람 한 사람에게 최선을 다해야 하는 이유다. 트레이너에게 중요한 건 단 한 명의 고객이다. 한 명이 모여 전체가 되는 것이니 좋은 관계가 될 수 있게 더 집중하고 몰입해야 한다. 말 한마디를 하더라도 듣는 고객의 기분을 생각하며 할 수 있어야 한다.

주는 인생이 즐겁다

트레이너 생활을 하다 보면 항상 선물을 많이 받는 트레이너들이 있다. 밥솥도 선물받고, 상품권도 선물받고, 혼자 사는 사람은 반찬까지 선물받으며 상상 이상을 받는 분들이 많다. 이런 분들의 공통점은 고객에게 아낌없이 준다는 것이다.

지인인 트레이너 중에 인상 깊었던 분이 있다. 자신의 급여 중 10~15%라는 일정 수치를 정해서 고객에게 되돌려드리는 계획을 실행 중인 사람이었다. 생일인 사람에게 선물을 사드리고, 날씨가 덥다는 이유로 아이스 아메리카노를 기프티콘으로 보내드리고, 춥다고 핫팩을 나눠드리고, 당 떨어질 때마다 먹으라며 초콜릿을 드리는 등 아낌없이 주는 트레이너였다. 같은 트레이너 입장에서 봤을 때도 항상 고객에게 감사한 마음을 가지고 있는 분이셨다. 고객도 당연히 그 마음을 느끼고 있었다. 다른 사람에게 돈을 쓰는 게 쉽지 않은 일인데 그분은 줄 때 행복을 느끼는 사람이었다. 이미 선택받은 것에 감사함을 표현할 줄 아는 사람으로 보였다.

고객에게 선택받으면 당장 해야 할 일이 있다. 월간계획표(달력)에 고객님의 생일을 체크해두는 것이다. 달력을 보면서 이번 주 중에 생일인 분을 확인했다면 주간계획표로 옮겨 잊지 않게 표시해둔다. 앞에서 고객에 관한 기록을 강조했지만 기록을 했다 해서 그걸로 끝이라면 아무 의미가 없다. 기록을 살펴보면 고객의 정보가 살아 움직이고 있다. 기록하는 습관이 생기면 언제 이런 것을 적어두었는지도 모르는, 고객에 대한 많은 정보가 있다. 달걀을 못 먹는 사람이라거나, 주말이면 남자친구와 시간을 보낸다거나, 1주일 뒤에 다낭으로 여행을 간다거나, 치킨을 좋아한다거나 등등 많은 정보들이 적혀있을 것이다. 생일 선물을 할 때 이런 정보를 활용하면 쓴 비용 이상으로 큰 가치를 부여할 수 있다. 선물은 가격이 중요한 것이 아니라 마음이 중요한 것이다. 선물을 주기 위해 공들인 시간을 높이 사는 사람도 있고, 자신에게 필요한 것을 주었을 때 감동하는 사람도 있다. 트레이너는 당연히 두 마리 토끼를 다 잡아야 한다.

고객 한 명의 생일이 다가오고 있어서 기록을 살펴보기 시작했다. 러닝머신은 지루해서 싫음, 친구와 같이 크로스핏 1회 체험 받으러 갈 예정, 주말이면 경제교육 듣는 중, 런지 싫음, 쌀국수 좋아함 등등 다양한 기록이 있었다. 쌀국수라는 단어를 보니 이거다 싶었다. 수업 중에 '식사하셨어요?'라고 물으면 웃으면서 '쌀국수 먹었어요.'라고 말하던 모습이 스쳐 지나갔다. 한두 번 들은 게 아니었기 때문에 쌀국수 마니아라는 것을 알 수 있었다. 무조건 쌀국수를 사드리고 싶었다. 생일이라고 해서 고객에게 쌀국수 사드리겠다며 같이 먹으러 가자고 하는 것은 사실 서로에게 부담이 될 수 있다. 고객과 친하게 지내는 것은 좋지만, 밖에서 만나는 행동은 사실 추천하지 않는다. 괜히 밖에서 만나면 트레이너가 여자나 꾀려고 한다는 등 이상한 소문이 돌 수 있고, 서로에게 사심이 생길 수 있기 때문이다.

쌀국수를 포장해서 드릴 수도 없고… 혹시나 해서 카카오 기프티콘에 쌀국수를 검색해봤다. 요즘은 기프티콘에 없는 게 없다. 죽도 있고, 치킨도 있고, 보쌈도 있고, 당연히 체인업체 쌀국수도 있었다. 쌀국수 2인분짜리 세트가 있어 환호성을 질렀다. 하지만 문제가 있었다. 고객님이 사는 동네는 신도림인데, 쌀국수 업체는 그 동네에 있지 않았다. 지도 어플로 검색해서 가장 가까운 위치에 있는 체인점의 쌀국수 세트를 보내드렸다. 그리고 생일 축하한다고 말씀드렸다. 고객님에게 취향저격에 센스쟁이라며 장문의 답장이 왔다.

여러 사례를 소개해주고 싶다. 29세의 여자 고객님이 있으시다. 항상 레깅스에 트레이닝복 반바지를 입고 오셨지만, 티셔츠는 트레이닝복이 아닌 평상시 외출복을 입고 오시는 분이었다. 단가라 티, 면 티 같은 일반 옷이었다. 이분은 생일이 다가오는 것을 보고 고객관리 파일을 펼치지 않았다. 트레이닝복 티셔츠를 무조건 사드리고 싶었다. 20대 마지막 생일이라며 해외로 여행을 가신 상태였다. 생일 당일에 백화점으로 가서 데상트 티셔츠를 구매하고는 교환권과 함께 종이가방을 사진으로 찍어 전송했다. 생일 축하한다는 말과 함께 여행 안부도 물으면서 기프티콘을 보내드릴까 하다가 ○○님 생각하며 직접 골랐다는 말도 덧붙였다. 고객님은 우는 이모티콘을 잔뜩 보내시며 감동해서 카톡 화면을 계속 보고 있다고 말씀하셨다. 항상 좋은 에너지를 줘서 감사하다는 말과 함께 장문의 답장을 받았다.

다이어트를 목적으로 피티를 시작하면 좋아하는 음식을 먹지 않는 사람들이 있다. 주말이면 늘 치킨을 먹으며 인생의 낙이라고 외치던 사람이 치킨과 이별을 선택하는 것이다. 항상 입으로는 치킨을 먹고 싶다고 말하면서도 4주 동안 한 번도 먹지 않던 분이 있으셨다. 열심히 하시니 감사하기도 했지만, 한 번쯤은 기분 좋게 드셨으면 좋겠다는 생각도 들었다. 이분의 생일이 다가오는 것을 확인하고는 당연히 치킨을 선물 드려야겠다고 생각했다. 좋아하는 브랜드도 이미 기록돼 있었기에 만족도 100%의 기프티콘을 전송할 수 있었다. 좋아하던 치킨을 참는 모습을 보면 미안하기도 하고 감사하기도 했다면서 한 번 기분 좋게 드셨으면 좋겠다는 생각이 들어 보낸다고 말했다. 담당 트레이너가 드리는 치킨은 0칼로리니까 맛있게 드시라며 말씀드렸더니 고맙다는 답장을 연속으로 받았다.

피티를 받으시는 분들 중에는 운동 자체가 처음인 분들이 굉장히 많다. 혼자서는 못하겠고, 배우려고 용기를 냈는데 못 따라갈까 봐 걱정부터 하시는 분들이 대부분이다. 그중에 '생각보다 할 만하네'라고 생각하며 잘 따라오시는 분들도 있으시고, 아니나 다를까 고통 그 자체로 받아들이는 분들도 있으시다. 살은 빼고 싶고, 식단관리는 어렵고, 피티 수업 시간마다 힘들어하셨던 분이 있었다. 애써 미소 지으려고 노력하며 힘겹게 수업을 받으시는 분이었는데 살도 잘 빠지지 않았다. 하루는 많이 지치셨는지 표정에서 하기 싫은 티가 팍팍 났다. 톡 건드리면 눈물을 왕창 쏟을 것만 같았고 시키려는 운동마다 하기 싫다는 혼잣말을 하시며 억지로 움직이셨다. 무엇을 시켜야 할지 감이 잡히지 않아 나마저도 답답하고 표정관리가 어려운 날이었다. 50분 수업이 꼭 5시간 같이 느껴졌다. 하지만 고객님의 입장에서 생각해보면 스트레스가 클 것 같았다. 조금이라도 힘이 돼주고 싶었다. 피티 후에 고구마말랭이 기프티콘을 보내드리면서 카톡을 남겼다. "ㅇㅇ님~ 오늘 운동하면서 눈물 날 뻔했죠? 식단관리부터 운동까지 몸도 마음도 많이 힘드실 거라고 생각돼요, 우리 그래도 조금 더 힘을 내봐요! 몸은 거짓말하지 않으니까 지금 하시는 노력들이 좋은 결과로 곧 나타날 거예요." 고객님은 카톡을 받고는 지금도 눈물이 날 것 같다며 힘들었던 거 알아차리게 해서 민망하다고 하셨다. 혼자 하면 이렇게 하지도 못하고 포기했을 텐데 끌어주시는 점에 감사하다는 말과 함께 앞으로 더 잘 부탁드린다는 답장을 받았다.

다이어트를 하는 분들 중에 식단이 무너지면 트레이너에게 미안한 마음을 가지는 분들이 있다. 자신의 변화를 트레이너와 함께 만들어가는 것이라고 생각하고 트레이너의 정성을 결과로 보답하고자 하는 예쁜 마음을 가진 분들이다. 그중에 참으로 따뜻했던 고객님이 한 분 있으시다. 살면서 식단관리를 단 한 번도 해본 적이 없으셨고, 먹는 것을 행복으로 여기셨던 분이셨다. 먹어봐야 알고 있는 그 맛이니까 찾아 먹는 거라고 말씀하시던 분이었다. 그런 분이 식단관리를 위해 노력하는 모습은 감동 그 자체였다. 한번은 피티 수업을 진행하고 있는데, 저녁에 친구들 여럿이 자기 집으로 와서 파티를 할 예정이라고 하셨다. 요리도 하고 배달도 시켜서 먹을 거라며 초밥, 치킨, 피자, 스파게티 등을 줄줄이 말씀하셨다. 지금까지 열심히 하셨으니까 선물이라 생각하고 많이 드시라고 했고, 마음 편하시도록 고강도 운동을 시켜 드렸다. 시간이 얼마나 지났을까? "선생님, 아이스크림도 먹어도 돼요?"라는 카톡이 울렸다. 말로 답장하는 대신 여러 명이 충분히 먹을 수 있는 베스킨라빈스 아이스크림을 기프티콘으로 전송했다. 고객님은 카톡을 받자마자 감탄하셨고, 그 내용을 같이 있는 친구들에게 모두 보여주며 담당 트레이너를 자랑하셨다. "친구들이 선생님보고 마음이 따뜻한 사람이래요."라며 감사 인사를 받았다. 놀라운 것은 이분이 총 7명의 고객을 나에게 선물해주셨다는 점이다. 고객님이 친구를 데려오거나 소개시켜 준다면, 기존 고객뿐 아니라 소개로 온 신규 고객에게도 꼭 그만한 감사 표현을 할 것을 권한다. 나 같은 경우에는 소개시켜 준 사람에게 2회의 무료 피티를 해드리고, 새로 오신 분에게도 2회의 피티를 추가로 해드린다.

선물은 주면서 기쁘고, 받는 사람이 기뻐하는 모습을 보면 더 기쁘다. 받는 트레이너보다 많이 줄 수 있는 트레이너가 더 멋있다. 주면 반드시 돌아올 것이라는 진리를 말하고자 하는 게 아니다. '이렇게 줬으니 많이 돌아오겠지?'라는 기대감으로 줄 거면 차라리 선물을 하지 말라고 말하고 싶다. 오직 주는 것으로 만족하는 마음이 선행돼야 가치 있다. 주는 인생이 즐거운 것이다.

고객이 진짜 원하는 것

재등록은 물론 상담을 하면 신규 회원까지 척척 등록시키는 트레이너가 있었다. 나와 나이가 같았지만, 1년 먼저 센터에 취업했고 직급은 주임이었다. 주임이라는 이유로 신입이었던 나를 동생 취급하며 명령조 말투에 반말과 존댓말을 섞어 사용하는 모습에 상종하고 싶은 마음이 없었다. 괜히 동갑이라는 이유로 자존심이 상했던 것 같다. 나는 유치하지만 먼저 말을 걸지 않기로 했다. 그저 말을 걸어오면, 대답하는 정도의 사이를 유지해야겠다고 생각했다. 트레이너는 보통 본인의 매출에 따라 수업료와 인센티브가 달라진다. 당시 다녔던 헬스장에서는 300만 원 이상의 매출을 달성하면 수업료의 55%를 받고, 매출이 저조하면 수업료의 45%를 받아갈 수 있었다. 10%라고 하면 크게 느껴지지 않을 수도 있지만, 월급으로 치면 평균 50만 원 이상 차이가 나는 인센티브였다. 최고 인센티브를 받기 위해서는 세일즈를 해야 했고, 고객들에게 더 신경 써야 했으며 어떻게 하면 사람들이 지갑을 열 수 있을지 고민해야 했다.

나에게 피티를 받지 않으면 손해라고 당당하게 말할 수 있어야 했는데 그 방법을 모를 때였다. 한 달간 실적이 좋지 않다는 이유로 센터 내에서 눈치를 받았다. 다음 달에는 더 좋은 성과를 내겠다고 다짐했지만 방법은 모르겠고 스트레스만 받고 있었다. 그런데 주말에 갑자기 카톡 소리가 울려서 봤더니 주임님이었다. "창현 선생님, 알고 계시죠? 이번 달 매출 0원" 화가 머리끝까지 치솟았다. '이 사람은 기본이 없는 건가? 쉬는 날까지 사람을 이렇게 괴롭혀야 마음이 편한 걸까? 나도 이미 스트레스 받고 있다고!' 별의별 생각이 다 들었다. 씹고 싶은 카톡이었지만 열심히 하겠다고 답장할 수밖에 없었다. 매출 압박을 받으니 괜히 상담할 때도 말을 버벅거리게 되고 결과도 좋지 않았다. 수업을 진행하고 있는 회원에게도 어떻게 재등록 얘기를 꺼낼까 생각하느라 수업에 집중도 되지 않았다. 고객들도 나의 불안함을 느끼고 있는 것만 같았다. 도저히 방법을 찾을 수가 없어 주임님께 찾아가서 말을 걸었다.

"잘하고 싶은데, 사실 방법을 모르겠습니다. 세일즈 노하우 좀 알려주시면 안 될까요?"

주임님은 갑작스러운 나의 모습에 신기해하면서도 반가워하셨고 자신의 노하우를 공유해주기 시작했다. 회원들의 식단관리를 돕기 위해 이래라 저래라 말하는 것도 도움이 될 수 있지만, 자신의 도시락 통을 열어 직접 보여주라고 했고, 얼굴을 4일 이상 보지 못한 사람은 무조건 연락을 드려 관심을 보이라고 했다. 체성분 측정을 했을 때 결과가 좋지 않으면 매번 설명하려 하지 말고 인바디 용지를 회원이 보는 앞에서 찢어버리고 열심히 운동하러 가자며 능청스럽게 액션을 취할 때도 있어야 한다고 하셨다. 마지막 말이 인상 깊었는데 자신은 심리학을 공부한다고 하셨다. 시간이 날 때마다 심리학 책 사서 보라는 조언과 함께 대화를 마치게 됐다. 심리학이라고 하면 괜히 사람을 판단하고 분석할 것 같아 평소에 별로 관심이 없었다. 시간이 많이 흘렀을 때 우연히 『심리학이 이렇게 쓸모 있을 줄이야』라는 책을 읽게 됐다. 그 책을 읽고 나는 심리학이 트레이너에게 반드시 필요하다는 확신을 얻었다.

1. 감정이입 능력과 감성지수를 높여 타인의 마음을 더 잘 이해할 수 있다.
2. 선입견이나 고정관념에서 벗어나 좀 더 자유롭게 의사소통할 수 있다.

피티를 진행할 때 오직 운동만으로 50분을 꽉꽉 채우는 게 아니다. 잘 되지 않는 동작은 분석해서 설명해드려야 하고, 고객이 한계점에 도달했을 때는 휴식시간을 적절히 주어야 하고, 지루하지 않고 편안한 트레이너로 느낄 수 있게 주고받는 대화도 있어야 한다. 즉 고객에게 몰입해서 소통할 줄 알아야 한다. 고객과 즐겁게 대화를 나누면서 운동하면 고객의 만족도는 상상 이상으로 올라간다.

　사람들과 대화를 나누다 보면, 더 이상 대화하고 싶지 않은 유형의 사람이 있다. 예를 들어 타로를 보고 왔다면서 어떤 결과가 나왔는지 얘기하려는 사람한테 '그런 거 믿지 마라. 미신일 뿐이다.'라고 말하며 대화를 끊는다거나 요즘 너무 우울하고 힘들다는 사람한테 세상에 힘들지 않은 사람 없고, 우울하지 않은 사람 없다고 말하며 상대의 마음을 헤아려주지 않는 경우가 그렇다. 사람들은 말을 할 때 상대방이 집중해서 들어주는 것만으로 고마움을 느낀다. 단순히 트레이너는 운동만 가르쳐주는 사람이라고 생각하고 온 고객이라 하더라도, 자신이 하는 말에 몰입해서 들어주고 감정이입까지 해가며 진정으로 소통한다면 고객은 트레이너를 달리 볼 수밖에 없다.

　사실 난 고객이 '피티를 받으면 스트레스가 풀려요.'라고 말해줄 때 큰 성취감을 느낀다. 고객이 나의 진정성을 느꼈다고 생각되기 때문이다. 이런 고객들은 나의 팬이 되어 응원도 해주고 힘이 되어주는 관계로 발전한다. 스트레스가 많은 세상이다. 정말로 우울하지 않은 사람이 없다는 말이 맞는 말일 수도 있다. 긍정을 찾는 것보다 부정을 찾는 게 100배 이상은 쉬워 보인다. 그러나 이럴 때일수록 따뜻한 한 사람이 되어준다면 담당 트레이너에게서 좋은 영향을 받지 않겠는가.

　병원 방사선과에서 일하는 고객님 한 분이 있으시다. 상담을 받으러 왔을 때 바로 운동을 할 수 있냐고 물으셔서 도와드렸다. 운동 목표에 대해서 대화를 나누고 체력평가도 하면서 퇴근하고 오시는 길이냐고 물으며 사적인 대화를 주고받았다. 고객님은 11개월 동안 일을 했는데, 오늘 퇴사를 해서 운동할 시간이 주어졌다고 말씀하셨다. 1개월만 더 일하면 퇴직금이 나오는데, 30일 더 출근하면 진짜 숨 막혀 죽을 것 같아서 그만뒀다고 말씀하셨다. 나는 잘했다고, 살자고 하는 일이 사람을 죽이는 경우가 많다고, 스스로 잘 판단하셔서 용감한 선택을 하신 거라고 말씀드렸다. 내 일이 아니라서 한 말이 아니다. 정말로 고객의 입장에서 잘했다고 말씀드리고 싶었다. 그분은 다들 이런 말을 하면 '바보냐, 30일만 더 참으면 되는데…'라고 말한다고 하셨다. 이후 고객님과 더 가까운 사이가 됐고, 1시간 운동을 마친 후 1시간이 넘는 대화 시간을 가졌던 적도 있다. 환자들에게 치이고, 같이 일하는 상사에게 치이고, 정신적으로 너무 힘들어서 쉬는 동안에 상담센터에서 상담을 받으며 치유할 생각이었는데, 운동을 하면서 선생님과 대화를 나눴더니 그럴 필요가 없어졌다며 내게 엄지손가락을 들어 보이셨다.

술집에서 소위 '묻지 마 폭행'을 당했던 적이 있다. 화장실에 갔다가 자리로 돌아가는 길이었는데, 걸어오는 사람과 눈을 0.1초 마주치자마자 갑자기 밀치며 폭력을 휘둘렀다. 상대의 그런 행동에 나는 할 말을 잃었다. 문신이 가득한, 100킬로그램이 넘는 거구 4명에게 둘러싸여 아무런 저항도 못 하고 폭행을 당했다. 누가 신고를 했는지 경찰이 오는 소리에 상황은 종료됐고, 폭력을 휘두른 4명은 도망가서 잡히지 않았다. 인생에서 처음으로 앰뷸런스를 탄 날이었다. 눈은 부풀어 올랐고, 코는 골절 판단을 받았다.

담당 형사는 술집 CCTV 파일을 받아서 가해자 얼굴이 나온 게 있으면 캡쳐 해서 메일로 보내달라고 했다. 나는 뜰 수 있는 한쪽 눈으로 화면을 돌려보며 캡쳐를 해서 담당 형사에게 메일로 보냈는데 2주 동안 읽지 않음 표시가 돼 있었다. 물론 바빴을 수도 있고, 더 큰일이 있었을 수도 있다. 하지만 성의 없는 모습에 도움을 받고 싶은 마음이 싹 사라졌다.

이후 내 몸은 스스로 지켜야겠다는 생각에 복싱을 등록했다. 그런데 1개월씩 재등록을 할 때마다 난 이상한 느낌을 받았다. 재등록을 해야 할 때쯤 되면 관장님이 잘 봐주시다가, 결제를 하고 나면 소홀해지는 느낌을 매번 받았던 것이다. 고객들은 절대로 호구가 아니다. 자신에게 어떻게 대해주는지, 진심인지 가식인지 느끼는 센서가 장착돼 있다고 생각해라. 강아지도 자기를 진정으로 좋아하고 반기는지, 귀찮아하는지, 무서워하는지 알아보고 꼬리를 흔든다고 한다. 근데 사람이 그걸 왜 몰라보겠는가?

여러 군데 상담을 받으면서 트레이너를 찾는 사람들이 많다. 이왕이면 다홍치마라고 이곳저곳 상담을 받으며 트레이너를 비교한다. 신도림에도 경쟁업체가 많다 보니, 이곳저곳 상담을 받고 찾아오시는 분들이 많다. 요즘 고객들은 직접적으로 물어보신다. 저기 업체와 이곳의 차별점이 뭐냐고. 그럴 때 난 항상 이렇게 말씀드린다. "고객을 대하는 마음이 다릅니다."

이 말이 끝나기 무섭게 그걸 증명하는 자료들을 보여드린다. 수업이 없는 날에도 어떻게 고객에게 도움을 드리고 있는지와 고객관리 일지에 자필로 기록된 운동 프로그램, 빽빽하게 채워진 고객정보, 대화를 통해 알게 된 사소한 정보들의 기록, 비포 애프터 사진, 맞춤 고객 후기 등등을 보여드리면 된다. 그러면 그 자리에서 결제를 하고 가시는 분들이 많다. 이렇게 보여드렸음에도 생각해보고 오겠다고 하시면, 연락처를 받고 블로그 주소를 링크로 보내드리면서 현명한 선택을 하시는 데 도움이 되면 좋겠다고 문자를 남긴다. 자신이 고객이라면 어떤 트레이너에게 피티를 받고 싶은지 생각해봤으면 좋겠다. 결국 알게 될 것이다. 자신이 어떤 트레이너가 되어야 하는지를.

고객의 마음을 아는 방법은 고객에게 관심을 가지는 것이라고 말하고 싶다. 사람을 추측하려 하지 말고, 진심으로 내 고객을 알아가는 재미를 느껴야 한다. 지금 트레이너를 하고 있는 독자라면, 기억 속에서 친하다고 생각했던 피티 고객 한 명을 떠올리길 바란다. 1. 그 고객과의 첫 만남을 기억하는가?, 2. 취미생활이 무엇인지 알고 있는가?, 3. 가장 큰 고민거리가 무엇인지 알고 있는가?, 4. 생일이 언제인지 기록되어 있는가?, 5. SNS 친구 맺기가 되어 있는가? 이 중 하나라도 빠졌다면 다시 한번 고객을 생각하는 시간을 가져보길 바란다.

퍼스널 트레이닝의 비전

PART 5

건강의 중요성은 더욱 커진다

22살 군대를 전역하는 날, 한 손에는 홍삼즙 한 박스, 한 손에는 흑마늘즙 한 박스를 사서 집으로 갔다. 부모님께 드리는 선물이었다. 어머니는 활동적이셔서 등산부터 헬스까지 여러 가지 운동이 생활화되신 분이지만 아버지는 운동하는 모습을 보지 못했다. 트레이너가 되고 난 후 아버지께 운동을 했으면 좋겠다고 여러 차례 말씀드렸는데 별로 귀담아 듣지 않으셨다. 아버지는 이발사로 항상 서서 일하셨기 때문에 다리에 피가 잘 통하지 않아 하지정맥도 있으시다. 그래서 앉고 일어날 때 늘 '아이고, 다리야'라는 말을 달고 사셨다. 나이가 들면 노화가 진행되는 것은 어쩔 수 없지만, 부모님 얼굴에 주름이 늘어난 것을 느낄 때면 마음이 아프다. 그런데 어느 순간부터 아버지가 운동을 시작하셨다. 24살부터 아버지와 떨어져 살다 보니, 전화통화를 할 때면 무엇을 하고 계신지 여쭤본다. 운동을 하고 계시다고 말씀하시면 괜히 기분이 좋고, 라면을 먹었다고 말씀하시면 괜히 걱정이 앞선다. 아버지와 어머니가 꾸준히 운동하셔서 건강하게 오래 사셨으면 좋겠다.

운동이 좋든 싫든 운동의 중요성은 모두가 깨닫게 되는 것 같다. 다들 나이가 들수록 '운동해야 하는데…'라는 생각이 무의식중에 자리 잡는 것 같다. 피티를 받으러 오시는 분들 중에는 우리 아버지 나이대도 있으시지만 나보다 어린데도 온몸이 쑤시고 아프다며 찾아오는 분들도 있으시다. 병원을 찾아갔다가 운동을 하라는 의사 선생님의 말을 듣고 오신 경우가 많다. 병원에서도 운동 외에 다른 처방이 없는 경우가 많다. 20대, 30대도 살기 위해 운동을 시작한다는 분들이 많아지고 있다. 살면서 스트레스를 받지 않는 사람은 단 한 명도 없겠지만, 가장 큰 문제는 일상 속에서 스트레스를 푸는 시간이 전혀 없는 사람이 많다는 것이다. 과식이나 술로 푸는 사람들은 또 다른 건강의 문제로 스트레스가 더 늘어날 뿐이다. 그러므로 미용, 건강, 스트레스 해소의 의미로 운동은 앞으로 더욱 중요해질 것이다.

나는 가끔 만나는 사람들에게 몇 살까지 살고 싶은지 물어본다. 대부분 '그런 건 생각해본 적 없는데… 대략 80살?'이라고 어림잡아 대답하신다. 그러면서 꼭 뒤에 덧붙이는 말이 있는데 몇 살까지 사는 것보다 건강하고 아프지 않게 사는 게 더 중요한 것 같다고 말씀하신다.

통계청에 따르면 2017년 기준 평균 수명이 82.7세라고 한다. 의학의 발달로 수명은 갈수록 길어지고 있다. TV에 김종국이 나와서 후배 연예인과 대화를 나누는 것을 봤다. 후배 연예인이 누군지는 기억나지 않지만, 김종국에게 어떻게 40대가 넘었는데도 이렇게 젊어 보이냐고 물었더니, 김종국은 술을 먹지 않고 운동하면 노화를 확실히 늦출 수 있다고 대답했다. 〈런닝맨〉이라는 프로그램에서 뛰어다니는 걸 보면 30대라고 해도 믿을 정도다. 나도 저렇게 늙고 싶다는 생각이 든다.

같이 일하는 박진규 트레이너는 내게 하는 말이 있다. "우리 멋있게 늙어요." 노화를 방지하기 위해 운동이 필요한 이유는 이론적으로도 설명이 되고 있다. 우리 몸의 약 70%는 수분이 차지하고 있는데, 나이가 들면 50%까지 수분보유능력이 떨어진다. 이 말은 노화가 체내 수분과 연관이 있다는 뜻으로, 노화를 다른 말로 정의하자면 수분보유능력이 감소하는 현상이라고 할 수 있다. 근육도 70%의 수분으로 구성돼 있다. 나이가 들수록 근육량은 줄어드는데, 이것을 잘 관리하면 몸의 수분보유능력을 높일 수 있다. 근육세포는 사용과 관련이 있어서 나이가 들어도 근육량을 늘리고 보존할 수 있다. 몸짱 할머니, 할아버지가 10살은 더 젊어 보이는 이유도 다 많은 근육량으로 인해 수분보유능력이 좋기 때문이다.

운동을 하면 스트레스도 풀 수 있고, 건강해지기도 하고, 노화방지까지 되니 운동은 젊고 건강한 삶과 떼려야 뗄 수 없는 관계다. 그러므로 트레이너는 자부심을 가지고 한 사람의 인생에 도움을 주는 사람이라는 마인드로 일해야 한다. 건강하게 사는 방법, 노화를 늦출 수 있는 방법은 운동을 하는 것이다.

초등학생 때 '커서 뭐가 되고 싶니?'라는 질문을 많이 받았던 걸로 기억한다. 친구들도 그렇고, 나도 그렇고 대통령, 과학자, 연예인, 선생님이라고 말하는 친구가 많았다. 교육부 자료에 의하면 2007년부터 2017년까지 초등학생 대상 희망직업 부동의 1위가 선생님이라고 한다. 그런데 2018년 교사라는 직업이 드디어 1위 자리에서 물러났고 운동선수라는 직업이 희망직업 1위에 올랐다는 기사를 보고 미소 지었다. 또 유튜버라는 직업이 5위로 올라왔다. 이런 변화는 건강하게 자신을 표현하는 것이 중요한 이 세대를 반영했다고 본다. 이렇게 표현하고자 하는 욕구와 눈에 보이는 것이 중요한 세상이 되고 있다. 트레이너라는 직업을 가지게 됐을 때 수명이 짧다는 말을 많이 들어 항상 불안했었는데 이제는 그렇지 않다. 절대로 없어지지 않을 직업이 될 것이라는 확신이 든다.

130kg의 체중을 가진 30대 초반의 남성 고객 한 분이 있으시다. 병원을 찾았을 때 의사가 혈압 약을 권해야 하는 상태이지만 지금부터 이 약을 먹으면 평생 먹어야 하기에 그러고 싶지 않다고 말했다고 한다. 이렇게 젊은 나이에 먹지 않아야 하는 약이라며 인생에서 중요한 걸 놓치고 있다는 생각이 들어 나를 찾아왔다고 하셨다. 키도 크고 인물도 좋은 분이었지만 큰 몸으로 인해 사람들의 시선을 두려워하는 분이어서 운동하러 오셨다는 것 자체가 엄청난 용기를 냈다는 걸 알 수 있었다. 직장일로 인해 스트레스를 받을 때면 몸이 아플 정도로 스트레스를 받는다고 하셨

고, 그럴 때마다 편의점에 가 양손에 두 봉지 가득 간식거리를 구매해서 과식하면서 스트레스를 풀었다고 하셨다. 탈모로 인한 고민도 있었고 이러다 크게 아플 것 같다며 건강에 대한 고민이 많으셨다. 큰 몸으로 인해 운동을 나오는 것도 힘겨워하셨지만 옷이 커지는 느낌과 샤워할 때 편해진 것 같다는 느낌을 받는다고 말씀하셨다. 카드내역 1번이 항상 편의점이었는데, 지금은 아니라고 말씀해주셔서 감사했다. 난 항상 ㅇㅇ님이 예쁜 수트에 나비넥타이를 메고 있는 모습을 꿈꾼다고 말씀드렸다. 그분은 웃으며 트레이너도 그런 옷을 입고 돌아다니지 않는데 왜 자기에게 그런 모습을 상상하냐며 말씀하시곤 하지만, 나는 꼭 외적으로나 내적으로 건강하고 멋있는 모습이 되실 수 있게 힘쓸 것이다.

우리 민족은 역사적으로 배고픈 시대를 오래 지나왔다. 몸의 지방이 긍정적인 역할을 한 시간이 지금처럼 부정적인 역할을 한 시간과는 비교도 되지 않게 길었다는 뜻이다. 우리 몸에는 굶주림에 대한 방어기전이 있다. 1끼만 먹고도 살아갈 수 있고, 며칠씩 굶어도 생명을 유지하기 위해 버티는 성질이 엄청 강하다. 하지만 비만에 대해서는 방어기전이 없어서 지방축적은 한계가 없이 상상을 초월할 수 있다. 비만을 유지하면서 건강하게 산다는 것은 사실 불가능하다. 이런 분들에게 건강을 선물하는 직업이 트레이너다. 길을 걸으면 양옆으로 고칼로리 음식들이 즐비하다. 길을 걷는 모든 사람이 잠재고객이 될 정도로 비만의 문제, 건강의 문제, 체력의 문제, 스트레스의 문제 등 운동의 필요성은 더 커질 것이다.

알고 지내는 30대 후반의 인생 선배님이 있으신데 탄탄한 회사에 부부가 함께 재직 중이다. 하지만 50대가 되면 주 5회 출근이 주 2회 출근으로 변경된다고 한다. 급여는 반으로 줄어들 것인데 그때 아이가 초등학생이라 미래에 대한 걱정이 많다고 하신다. 앞으로 무슨 일을 해야 할지, 50대 이후의 삶을 준비해야 하는데 건강하지 않으면 어떤 것도 도전할 수 없기 때문에 건강관리가 최우선이라고 말씀하신다.

국민연금공단의 조사결과에 따르면 50대 이상이 생각하는 적정 노후 생활비는 부부 기준 월 243만 원이라고 한다. 60세부터 85세까지 25년간 생활비가 필요하다고 가정하면 8억 원 이상이 있어야 한다는 뜻이다. 하지만 그만한 돈을 노후자금으로 가진 부부가 과연 우리나라에 몇이나 될까? 이것도 건강하다는 전제하에 책정된 생활비라 미래에 대한 걱정이 커질 수밖에 없다. 부부 중 한 명만 아파도 병원비가 많이 들기 때문에, 고령화 시대에 건강에 대한 걱정은 더 커질 수밖에 없다. 현명한 사람일수록 미래에 대한 걱정보다 대비로 건강관리를 우선순위에 둔다. 건강이 곧 재산이다. 그러므로 트레이너는 미래를 선물하는 직업이다. 건강에 대한 중요성은 시간이 갈수록 커지면 커졌지 작아지지 않을 것이다. 그에 따라 트레이너에 대한 수요도 늘어날 것이다.

전문 트레이너의 희소가치

좋은 트레이너 한 명은 한 사람의 인생을 바꿀 수 있다. 그 전에 먼저 바꿔야 할 사람이 있다. 당연히 자기 자신이다. 시간이 지나면 저절로 좋은 트레이너가 될 거라는 생각은 그냥 접어야 한다. 당연히 경험은 무시하지 못하는 것이다. 하지만 경력이 많다고 해서 유능해지고, 실력이 높아지는 것은 아니다. 이런 안일한 생각을 가지고 있다면 늘 똑같은 말만 하고, 똑같은 프로그램만 쓰고, 어제와 같은 오늘을 반복하게 될 뿐이다. 그럼 일에 대한 재미도 없어질 것이고, 챗바퀴 같은 삶과 직업에 대한 회의감이 밀려오게 될 것이다. 나는 자기 주도적이라는 말을 좋아한다. 공부도, 트레이닝도, 고객관리도 자기 주도적으로 해야 재미가 있고 나만의 큰 그림을 그려갈 수 있다.

나는 책만 펴면 졸음이 몰려왔고, 10분도 책상 앞에 앉아있을 수 없는 사람이었다. 지금은 카페에서 책 두 권만 있으면 3시간도 거뜬하다. 억지로 스톱워치를 맞춰가며 꾸역꾸역 책 읽는 시간을 늘려가던 날들이 스쳐 지나간다. 핸드폰이 울리면 집중이 깨지기 때문에 가방에 넣고 무음으로 해둔다. 오직 책에만 집중하는 일이 이제는 조금 자연스러워졌다. 자신의 미래를 준비하는 시간은 일상에 반드시 포함돼 있어야 한다. 사람이 바뀔 수 있는 시간은 출근 전 혹은 퇴근 후 자신이 자유롭게 쓸 수 있는 시간이다.

많은 사람이 건강에 적신호가 온 상태로 살아가고 있다. 그럼에도 수많은 헬스장이 문을 닫고 있다. 헬스장을 찾는 고객보다 더 많은 헬스장이 생기는 탓도 있고 경기 탓도 있겠지만, 나는 분명 안주했거나 고객을 생각하는 마음이 부족했거나 부진의 원인을 해결하지 못했기 때문에 나타나는 증상이라고 생각한다.

내가 사는 동네에는 TV 방송에 나와서 유명한 트레이너로 인해 뜨거웠던 헬스장이 있었다. 하지만 곧 자신의 이름으로 돼 있던 간판이 다른 사람의 이름을 내건 간판으로 바뀌었다. 유명했던 사람이 운영하던 헬스장이었음에도 그는 수많은 회원들에게 돈을 받아 챙긴 뒤 달아났다. 헬스장 회원들은 사장이 바뀐다는 걸 알 수 없었고, 갑자기 바뀐 상호에 당황스러워했다. 한순간에 빚쟁이가 된 것인지, 많은 돈을 챙기고 모습을 감춘 것인지 알 수 없다. 분명한 것은 그 사람은 다시 이 업계에 돌아오지 못할 거라는 거다.

일명 먹튀 헬스장이 많아지고 있다. 종종 30번의 피티를 등록하고 10번도 하지 않았는데, '트레이너가 퇴사했어요, 헬스장이 없어졌어요.'라고 말하는 고객들을 만난다. 회원권 1년을 등록했는데 헬스장이 없어지는 어이없는 상황도 있다. 또다시 이런 상황을 겪게 될까 봐 장기간으로 등록하지 못하고, 할인 포기하면서 짧게 등록하시는 분들도 많다. 먹튀 헬스장이 많아지는 만큼 주변에 급여를 받지 못해 하소연하는 트레이너들도 많이 있다. 경영을 할 것이라면 경영 공부도 소홀히 하면 안 되는 것처럼, 트레이너라는 직업으로 길게 일하고 싶다면, 미래에 대한 준비를 놓으면 안 된다. 내 인생을 책임져줄 사람은 오직 나뿐이다.

트레이너의 실력에 대한 비판도 끊임없이 들리고, 헬스 업계도 신뢰를 많이 잃은 상태다. 고객들은 여러모로 불편해하고 있다. 트레이너의 실력뿐만 아니라 인성에 대한 문제도 말이 많다. 인스타그램에서 한 글을 보고 기겁했던 적이 있다. 다이어트를 하는 고객이 삼겹살을 먹는다고 트레이너에게 말했고, 트레이너는 '삽겹살로 맞고 싶으세요?'라고 답을 한 글이었다. 재밌자고 한 말인지 모르겠지만, 이런 몰상식한 트레이너들이 워낙 많으니, 도리어 좋은 트레이너들만 살아남을 거라는 확신이 든다.

운동을 취미로 하던 시절, 방송에서 다이어트 프로그램이 인기였다. 몸 좋은 트레이너 여럿이 고도비만자들과 숙식을 하며 살을 빼는 프로였다. 고강도 운동과 샐러드 위주의 식단을 병행하며 주마다 몇 킬로그램이 빠졌는지 공개했고, 계속 변해가는 모습을 시청자들이 눈으로 보게 만들었다. 그 방송에 나온 트레이너들의 모습은 하나같이 비슷했다. 저승사자 이미지라고 말하면 이해가 빠를 것 같다. 그저 무서웠다. 의욕은 앞서지만 몸이 따라오지 않던 사람들이 눈물을 보이기도 했고, 트레이너는 그런 사람들에게 '열 개 더!'라고 소리쳤다. 꼭 군대에서 조교가 말 안 듣는 훈련병에게 벌을 주는 것 같았다.

아니나 다를까 사람들에게 트레이너라고 하면 무엇이 연상 되느냐고 물으면 닭 가슴살이 제일 먼저 떠오르고, 연이어 화내 고 윽박지르는 이미지가 떠오른다고 말한다. 많은 사람들이 살은 빼고 싶지만, 트레이너는 왠지 모르게 무섭다는 이미지가 무의식 중에 잠재돼 있는 것 같다. 분명 서비스업인데도 불구하고, 험악 하게, 무섭게, 강하게 지도하려는 트레이너가 많다. 꼭 그것이 당 연한 것처럼 말이다.

솔직히 말하면, 나는 이 방송에 대해서 가장 고맙게 생각하 는 1인이다. 착한 사람들에게 기회가 온 것이다. 20대 학생을 트 레이닝 했을 때다. 그분은 살은 빼야 하는데, 어떤 수단을 선택할 지 고민이 많았다고 한다. 피티는 돈을 주고도 무서운 상황 속에 서 고통을 견뎌야 하는 건 줄 알아서 피티만큼은 하고 싶지 않았 다고 한다. 그러다가 우연히 내 블로그를 봤고, 고객들을 배려하 는 모습을 느꼈다며 나를 선택해주셨다. 피티 수업이 끝났을 때 트레이닝 후기에도 그렇게 솔직한 얘기를 담아주셨다. 고객들은 따뜻한 트레이너를 원하고 있다. 무서운 트레이너가 아니라 밝고 활기차며 편하게 자신을 대해주는 사람을 원한다. 아무리 전문적 이고 실력이 뛰어나도, 이제는 저승사자 같은 이미지를 버려야 한다.

나는 낯가림이 엄청 심한 사람이다. 혼자 여행을 다닐 때면 하루 종일 한마디도 하지 않았다는 것을 잠자리에 들 때 깨닫곤 한다. 교육을 들으러 가도 처음 보는 사람이 말을 걸어오면 부담스럽다. 하지만 고객들 앞에서는 활기차고 붙임성 좋은 사람이다. 낯가림이 심한 사람이라고 얘기하면 거짓말하지 말라며 다들 웃으신다. '제 성격이 원래 무뚝뚝해요', '경상도라서 표현이 서툴러요', '낯가림이 심해요', '따뜻한 말은 낯간지러워서 못 하겠어요.'라고 하면 아무도 안 믿는다.

트레이너는 최선을 다해서 표현해야 하는 직업이다. 고맙다는 말을 자주 하다 보면 진짜 고마움을 느낄 수 있는 사람이 되고, 칭찬을 자주 하다 보면 진심으로 우러나온 칭찬을 하게 된다. 성격도 바꿀 수 있는 것이 사람이다. 원래 무뚝뚝하고 표현이 서툰 사람이라면 더 표현하기 위해 노력해야 한다. 그러지 않은 건 그냥 성격의 문제가 아니라 노력하는 자세가 없는 사람이라는 뜻이라는 걸 기억해라.

수많은 트레이너가 경쟁하며 고객들을 유치하기 위해 가격을 낮추는 방식으로 세일즈를 하고 있다. 날마다 바뀌는 가격, 날마다 날아오는 세일즈 문자에 고객들은 지긋지긋해하고 있다. 고객을 돈으로 보는 자세는 그만둬야 한다. 가격경쟁이 시작됐다는 것은 죽을 사람은 죽고, 떠날 사람은 떠나고, 살아남는 사람만 살아남게 될 것이라는 뜻이다. 결국 살아남는 사람만이 제값을 받게 될 것이다.

공부했던 내용, 책에서 와 닿았던 내용, 꿈을 키우는 모습, 어떤 마음으로 이 세상을 살아가고 있는지, 고객을 어떤 마음으로 대하는지 등 모든 것을 기록해야 한다. 이런 기록들이 당신이 살아있는 트레이너라는 것을 증명해준다. 자격증을 하나 보여주는 것보다 자격증을 왜 취득했고, 어떻게 준비했는지를 기록해서 보여주어야 한다. 당뇨와 고혈압으로 운동을 하러 상담을 받으러 온 사람에게 당뇨와 고혈압이었던 사람이 좋아졌던 사례를 눈으로 보여드려야 한다. 그런 데이터가 없다면 최소한 고혈압과 당뇨가 운동을 통해서 좋아질 수 있다는 근거를 전문성 있게 설명할 수 있어야 한다.

며칠 전 피투사의 홈페이지를 새로 만들기 위해 홈페이지 제작업체에 연락해서 상담을 요청했다. 상담을 받기 위해 카페에서 담당자를 만났는데 명함에는 대표라고 적혀있었다. 다이어리 한 권을 들고 상담을 하러 오셨고, 자기는 15년 동안 밑바닥에서부터 시작한 사람이라고 말씀하셨다. 저렴한 업체와는 차원이 다르다고 하시며 최소 300만 원이 든다고 하셨다. 저렴한 곳은 처음에는 가격을 싸게 부르지만 수정을 요구할 때마다 돈을 요구할 것이라며 자기는 그렇지 않다고 말했다. 또 다른 업체들은 홈페이지를 모바일로 보면 글씨가 줄어들어 글이 잘 보이지 않지만 자기 회사는 그런 문제가 되지 않는 기술력도 보유하고 있다고 자랑하셨다. 물론 기술적으로는 뛰어날지 모르겠지만, 내가 알고 싶은 내용은 그런 것이 아니었다.

최소한 자신이 만든 홈페이지를 보여줄 준비를 해왔어야 했고, 우리 업계를 이해하고 있다는 표현이 있어야 했고, 300만 원에 대한 타당한 이유를 제시했어야 했다. 나는 직접 준비했던 노트북을 꺼내서 작업했던 홈페이지들을 보여달라고 요구했고, 운영하고 계신 회사의 홈페이지를 보여달라고 했으며, 관리하고 있는 고객들과 홈페이지상에서 소통하고 싶은데, 그런 커뮤니티 공간을 만들어 잘 운영되고 있는 홈페이지가 있는지, 우리 같은 헬스업계 홈페이지를 제작해본 적이 있는지를 물었다. 또 일은 어떤 식으로 진행하는지도 물었다. 나는 이 사람이 300만 원이 아닌 30만 원을 불렀어도 선택할 이유가 없었다. 그런 말은 나도 할 수 있었기 때문이다. 이 사람이 트레이너였다면 고객에게 이렇게 말하는 것과 같다. "나는 저렴한 트레이너와는 차원이 다르다. 내 경력은 15년이다, 허리가 아프다면 편하게 해드릴 능력이 있다." 하지만 말로만 한다면 신뢰가 갈 것 같은가?

고객들은 합당한 소비, 납득이 되는 소비를 원하고 있다. 신뢰가 되면 원하는 것을 위해 아낌없이 돈을 쓴다. 이제는 도박 같은 소비를 하지 않는다. 저렴한 것에는 의심을 품을 것이고, 비용이 비싸다면 타당한 근거를 요구할 것이다. 당신의 전문성을 눈으로 보여줘야 한다. 대부분의 트레이너가 저렇게 노트 한 권만 펼쳐놓고 말로만 설명을 하고 있다. 당신의 전문성은 고객에게 눈으로 보여줄 수 있을 때 신뢰를 얻을 수 있다. 다이어트를 원하는 사람에게는 다이어트 상담에 적합한 상담 책을 만들어 태블릿 PC나 노트북으로 보여드려야 한다, 허리가 아프다는 사람에게는 허리강화 상담 책을 만들어 당신에게 피티를 받으면 좋은 이유를 명확히 설명해야 한다. 지금부터 즉시 보여줄 준비를 하라.

차별화 전략

모바일 어플 피키캐스트에 몸짱 만들기 담당 트레이너로 소개됐을 때, 내 블로그에 피티 문의가 폭주했다. 내가 대단한 트레이너가 된 것 같은 착각에 빠지기에 충분했다. 하지만 세상은 그렇게 호락호락하지 않다는 것을 시간이 흐른 뒤 깨달았다. MBC 방송 〈블라인드 테스트 180°〉에 나갔을 때는 기대와 달리 아무런 연락도 받지 못했고, 피키캐스트에 소개됐을 당시 잠깐 많은 연락이 왔지만 그때뿐이었다. 블로그를 믿고 안전한 급여 생활을 포기하며 다니던 대형센터를 퇴사했다. 프리랜서 트레이너를 하고 싶었기 때문이다. 블로그에 폭주하는 문의를 보면서 대박을 칠 것 같은 느낌이었다.

　　남부터미널역, 교대역 쪽에 있는 헬스장에서 프리랜서 트레이너 생활을 시작했다. 자신감과 달리 예상했던 연락들이 오지 않았다. 한 달, 두 달 울며 겨자 먹기로 계속했더니 한 명 두 명 연락이 오기 시작했고, 나는 몇 사람을 트레이닝 하게 되었다. 하루에 피티 수업 2개 정도면 괜찮은 거였다. 하나도 없는 날들이 있었기에 하나의 수업도 소중했다. 오전 7시에 첫 수업을 하고, 다음 수업이 저녁 8시에 있곤 했다. 집에 왔다 갔다 하는 버스비가 아까워 12시간 동안 헬스장에서 다음 수업을 기다렸다. 그렇게 저녁 8시가 빨리 오길 기다렸는데 고객이 야근이나 회식을 한다며 수업을 취소하는 날엔 힘이 빠지고 무기력해졌다.

그래도 인스타그램과 블로그는 꾸준히 했다. 한 명 두 명 나를 선택해준 고객에게 최선을 다하다 보니, 소개도 들어오고 고객이 꽤 모집됐다. 이 정도면 먹고살 수 있겠다 싶었는데 헬스장에서 약속했던 돈을 주지 않았다. 내 고객이 헬스장에서 카드를 긁고 수업이 어느 정도 끝나면 내게 수업료를 돌려주는 식이었는데 빚에 쫓기던 사장님이 내 고객에게 받은 돈으로 자신의 빚을 갚고 있었다.

할 수 없이 내가 직접 운영해야겠다고 생각하고 운 좋게 월세 저렴하고, 평수 적당한 곳을 구해 피티 전문 숍을 오픈할 수 있었다. 고객이 오기를 기다렸지만 간판을 보고 들어오시는 분은 거짓말 하나 보태지 않고 한 명도 없었다. 너무 많이 와서 정신없으면 어떡하지 하고 걱정했던 자신이 초라해 보였다. 전단지를 만들어 지나가는 한 분 한 분 손에 쥐어드리고, 아파트 관리자를 찾아가 우편함에 전단지를 꽂을 수 있게 해달라며 부탁해 비용을 지불하며 광고하기 시작했다. 전봇대에 전단지를 붙이다 구청에서 벌금을 맞고 낙심하기도 했다. 세상을 살면 살수록 깨닫게 되는 게 있다. 하던 일을 멈추지 말고 반복해야 한다는 것이다. 그리고 건방은 최고의 적이다.

트레이너라는 직업에 차별화 전략이 있다면 그건 반복이라고 말하고 싶다. 고객의 생일을 챙기기로 마음먹었다면 매년 연락을 드려야 하고, 고객과 수업 중에 나눈 대화를 메모하겠다고 마음먹었다면 매 수업 모든 고객과의 대화를 메모해야 한다. 블로그를 시작했다면 트레이너 생활을 멈추는 그날까지 계속 업데이트해야 한다. 공부를 시작했다면 계속 한 계단씩 올라가야 하고 끝은 없다는 생각으로 멈추지 말아야 한다.

대부분의 사람이 이 정도면 됐다는 착각을 한다. 블로그를 해서 한 명에게 연락이 오면 자신이 대단해서 그렇게 된 줄 알고, 앞으로도 꾸준히 연락이 올 거라고 착각한다. 하지만 멈춘다면 다 그때뿐이다. 매출이 생각 이상으로 올라가면 세상이 어렵지 않다고 착각하고, 작은 노력이 대단한 노력이라 착각한다. 하지만 내 경험상 그런 생각이 들 때 매출은 폭락했고, 고객은 재등록을 하지 않고 떠났다. 한번은 왜 재등록을 하지 않을까 생각해봤더니, 고객이 재등록을 해야 할 이유가 없다는 것을 알게 됐다. 그저 시간 때우기식으로 수업을 진행하고, 가르치기 쉬운 프로그램만 사용하고 있는 나 자신을 발견한 것이다. 고객 한 명이 간절했을 때는 한 명 한 명에게 최선을 다하리라 다짐하지만, 좀 된다 싶으면 귀찮아져 하나씩 하던 일을 내려놓는 나 자신을 발견했다. 고객들은 나의 태도가 열정적인지, 진심인지, 가식인지 구별

할 수 있는 눈을 가지고 날 바라보고 있었다.

이제는 '이 일은 내가 반복할 수 있는 일인가?'라는 기준으로 앞으로 해야 할 일들을 선택하는 습관이 생겼다. 예전에는 블로그에 글을 올릴 때 고객들의 후기와 비포애프터 사진들로 도배를 했다. 그랬더니 후기가 좋아서 찾아오고, 비포애프터 사진을 보고 혹해서 찾아오는 분들이 생겼다. 물론 지금도 후기와 비포애프터 사진을 업데이트하고 있다. 추가로 나만의 트레이너 성장 스토리도 올리고, 피투사 센터를 운영하면서 변화된 점들도 정리해서 올리고 있다. 더불어 같이 일하는 트레이너들이 어떻게 생활하고 있는지, 피투사 독서 경영과 워크숍 내용, 고객들과 함께 마라톤을 한 일들도 올리고 있다.

'후기가 좋아서 왔어요, 비포애프터를 보고 왔어요.'라는 한정적인 얘기만 들었는데, 지금은 '여기 다니는 고객들이 행복해 보여서 왔어요, 독서 경영을 하는 것을 보고 뭐라도 배울 점이 있는 곳이겠다 싶어서 찾아왔어요, 운동이 체계적으로 진행되고 있는 것 같아서 찾아왔어요.'라는 다양한 고객들의 피드백을 받고 있다.

차곡차곡 지금 하고 있는 일들을 지속하면서 적응이 됐을 때는 추가로 가지를 치며 뻗어나가야 한다. 물론 블로그보다 잘할 수 있는 채널이 있거나 메모보다 좋은 수단이 있다면 그것으로 옮겨가는 것이 맞다. 독서 경영을 하는 것보다 경영에 더 도움이 되는 것이 있으면 과감하게 포기하고 그 길로 갈 것이다. 이 책도 한 권만 쓸 것이라면 시작하지 않았다. 내가 책을 완성시키면 같이 일하는 트레이너들도 책을 쓸 수 있다는 생각에서 시작한 것이고, 피티 전문 숍 경영에 관한 책, 직원관리 노하우에 관한 책도 꾸준히 쓸 것이다.

가격경쟁이 시작됐다. 옆에 있는 트레이닝 숍의 50회 가격이 우리 숍의 30회 가격과 같다. 나는 가끔 같이 일하는 직원들에게 저기 옆에 낮은 가격을 받는 트레이너와 차이점이 무엇이냐고 물어본다. 말로만 저렴한 트레이너와는 다르다고 한다면 아무도 믿어주지 않을 것이라는 걸 모든 직원이 알고 있다. 자동차를 구매하는 사람은 똑같은 상품이기 때문에 더 저렴한 곳을 찾아 선택하는 것이 맞다. 하지만 퍼스널 트레이닝은 똑같은 트레이닝이 존재할 수 없다. 그렇다면 더 가치 있게 만들어야 더 높은 가격을 받으면서도 살아남을 수 있다.

닭 가슴살은 예전엔 버리는 부위였다고 한다. 뻑뻑하고 맛도 없다는 이유에서다. 지금은 훨씬 고급 부위인 닭 안심살보다 가격이 높다. 이유는 찾는 사람이 많기 때문이다. 트레이너의 몸값도 똑같다고 생각한다. 아무리 좋은 트레이너라고 해도 고객들이 알아볼 수 없다면 가격은 계속해서 떨어뜨려야 한다. 반대로 찾는 사람이 많다면 몸값은 자연스럽게 올라간다.

초등학생 시절 우리 동네에 고급 김밥집 브랜드가 생겼다. 김밥 한 줄에 4,000원대였고, 채소와 내용물이 큼직큼직하게 많이 들어있었다. 그때부터 소풍을 갈 때 많은 친구들이 이 집 브랜드의 김밥을 들고 왔다. 엄마들의 노력을 대신해주는 곳이라는 이미지로 항상 김밥을 사기 위해 줄을 서서 기다렸다. 하지만 그 옆에 김밥 한 줄에 1,000원을 받는 브랜드가 생겼고 시간이 지나자 한 줄에 4,000원대 김밥가게는 문을 닫았다. 어느 순간 1,000원짜리 김밥집은 1,500원, 2,000원으로 올랐지만 사람들의 기억 속에 가격 착한 브랜드로 이미 자리를 잡은 후였다. 요즘은 어떤가? 현미밥으로 건강 김밥을 판매하는 곳도 생기고, 좋은 재료로 만든 고급 브랜드 김밥집도 많이 생겼다.

가격이 착한 것만으로는 이제 경쟁이 되지 않는다. 저렴하더라도 노력이 계속되지 않으면 사람들은 저렴한 데는 이유가 있다고 말하게 된다. 헬스장도 비슷한 증상이 일어나고 있다. 울산에서 헬스장을 다닐 때는 목욕탕이 같이 있는 곳은 월 10만 원, 헬스만 운영하는 곳은 최소 6~7만 원이 평균 가격이었다. 서울로 와서 대형센터에 취직했을 때, 월 2만 원의 착한 가격을 보고 깜짝 놀랐다. 1년을 해도 24만 원이었기에 이렇게 착한 가격이면 너도나도 바로 등록하겠다는 생각이 들었다. 하지만 고객들은 쉽게 등록하지 않고 여러 군데를 비교하고 오셨고 '왜 이렇게 싸요?'라고 묻는 사람도 크게 많지 않았다. 헬스장을 다녀본 사람들이야 이 비용이 저렴하다는 걸 알지, 처음 보는 사람들은 원래 이렇다고 생각할 수도 있다.

월 2만 원 하는 헬스장이 생기니 옆에서 월 7만 원 받던 곳들도 월 2만 원으로 광고하기 시작했고, 곧 여러 헬스장이 문을 닫는 것을 내 눈으로 지켜봤다. 고객들은 7만 원짜리가 2만 원짜리와 다를 게 없다며 찾아오곤 했다. 결국 질 좋은 서비스를 늘려가는 곳만이 살아남는 것 같다. 최근 월 1만 5천 원이라는 전단지가 우리 동네 전봇대에 붙어있는 것을 발견했다. 최고급 호텔 시설에 반신욕기도 있다면서 광고하고 있다. 이렇게 가격 낮추기 경쟁이 아니라, 제값을 받으며 질적인 경쟁을 해야 서로 살 수 있다.

아직 피티는 이 정도로 가격이 폭락하는 경쟁을 하고 있지는 않다. 그러나 간혹 기겁할 정도로 낮은 가격으로 피티를 해주는 곳들도 눈에 띈다. 이러한 가격경쟁은 동종업체가 서로 힘들어질 뿐이다. 피티 수업료를 2만 원 받던 트레이너가 1만 원 받게 되면 생활이 힘들어진다. 이런 일이 일어나지 않기 위해서는 자신이 저렴한 트레이너와 다른 이유를 스스로 확실하게 만들어가야 한다. 답은 반복에 있다고 다시 한번 말하고 싶다.

고객이 상담을 받으러 왔을 때 현재 관리하고 있는 고객들의 파일을 모두 꺼내서 들고 나와라. 상담을 받기 위해 찾아온 고객에게 파일 하나를 선택해보라고 말하고, 그 고객관리 파일을 보여드려라. 거기에는 고객의 정보가 빽빽하게 적혀있을 것이고, 고객이 어떻게 변화되고 있는지 체성분 측정표가 여러 장 있을 것이고, 더 좋은 결과를 위해 어떤 노력을 하고 있는지 자세히 적혀있을 것이다. 이 사람이 어떻게 식단관리를 하고 있는지, 수업이 없는 날 개인운동을 나왔을 때는 어떻게 운동을 하고 있는지도 보여줘라. 무조건 반복해야 할 것이다. 옛날에 만들어놓은 것들보다 현재 진행하고 있는 것이 더 믿음이 갈 것이다. 좀 된다고 건방져지지 말고, 항상 겸손해야 한다. 그리고 반복해야만 한다. 공부도, 고객관리도, 블로그도, 체력관리도, 시작한 모든 것을 말이다.

비전은 스스로가 만든다

인생은 해석이라는 말이 있다. 누군가는 트레이너는 젊을 때 잠깐 할 수 있는 직업이라고 말하고, 반대로 누군가는 비전 있는 직업이라고 말한다. 어찌 됐든 그건 스스로가 정한 것이 정답일 것이다. 이왕이면 긍정적으로 생각하고 밝은 미래를 그려봤으면 좋겠다.

보이지 않는 앞날에 대해 불안한 마음을 가지고 살았던 적이 있다. 돈은 늘 없는 것 같고, 매달 매출 걱정에 나이는 계속 먹고, 세상이 변하는 것이 두려웠다. 불안했던 앞날들이 기대되고 궁금해지는 하루하루가 되기까지 많은 시간이 필요했다. 트레이닝에 대한 공부와 실력을 쌓는 일이 좋다가도 우울하고, 행복하다가도 불안해지고, 이렇게 수시로 바뀌는 감정들부터 잘 관리하는 것이 중요했다. 사람들은 일어나지 않을 일조차 걱정하고 고민하며 스트레스를 받는다는 말에 공감할 수밖에 없었다.

트레이너는 매 시간 사람과 만남을 갖는다. 고객들, 센터 상사나 직원, 다른 트레이너들과 시간을 보내게 된다. 사람들 사이에서 생활하다 보면 한 사람의 말 한마디에 상처를 받기도 하고, 사람을 미워하는 마음이 생기기도 한다. 잡생각 그만하고 운동이나 하자고 마음을 다잡으려 해도 스트레스를 준 사람이 떠올라 집중하는 것에 어려움을 느끼곤 했다. 지푸라기라도 잡는 심정으로 우울한 감정, 스트레스, 현재의 마음에 대해 감정일기를 쓰는 습관이 생겼다. 내 감정들을 글로 써보는 것인데, 예를 들어 화가 난 이유에 대해서 글로 쓰고 나면 파도처럼 왔다 갔다 하는 감정을 바로잡을 수 있다. 작성된 글을 보면 자신을 제삼자의 입장에서 보게 되는데, 그러면 쓸데없는 고민이라거나 대화로 풀어야 할 문제라거나 등등 해결할 길들이 보인다.

글을 쓸 때는 잡생각 없이 온전히 집중할 수 있었다. 글을 쓰면 화날 이유, 걱정할 이유가 없다는 걸 알게 되는 경우가 많았고, 내 마음의 그릇이 작아서 그렇다는 것을 인정하게 될 때도 많았다. 솔직한 감정들을 글로 쓰는 시간은 자기 성찰의 시간이 된다. 감사한 마음이 생길 때도 글로 쓰면 감사함이 2배로 증가됐다. 기회가 된다면 꼭 한 번 감정에 대한 일기를 써볼 것을 권한다.

인생은 결국 사람들과 연결될 수밖에 없다는 걸 알았다. 나를 먹고살게 만들어주는 것도 고객이라는 이름의 사람이고, 더 큰 성장을 이룰 수 있게 함께 달리는 것도 동업자, 직원들이라는 이름의 사람들이다. 『생각만 하는 사람, 생각을 실현하는 사람』의 저자 이노우에 히로유키는 배움, 공부에 대해서 강조하고 있다. 가장 공감됐던 것은 배움의 끝, 공부의 끝은 인간을 이해하기 위한 공부가 돼야 한다는 것이다. 자신도 알아야 하고, 타인도 알아야 한다. 사람에 대해 제대로 공부해야 한다는 뜻이다. 분야를 막론하고 가장 높은 곳에 도달한 사람들은 예외 없이 인성이 좋은 사람, 정직한 사람이기 때문이다. 트레이너로 오래 살아남고 싶다면 운동, 트레이닝도 중요하지만 나를 포함한 다양한 사람에 대해 이해하기 위해 노력해야 할 것이다.

고객들은 결국 사람을 선택하는 것이다. 그리고 트레이너의 비전은 자기가 그려나가는 것이다. 오직 나만 생각하는 이기적인 마음, 편하고자 하는 마음만 있다면 고객들은 떠날 것이다. 고객의 마음을 채워줄 줄 아는 트레이너가 돼야 한다. 한 번 만족시키는 것만으로는 안 되는 세상이다. 기억해야 한다. 지속적인 만족이다. 고객을 도울 수 있는 과정도 즐길 수 있는 사람이라면, 걱정되는 내일이 아닌 궁금한 내일을 살게 될 것이다.

　문득 드는 생각이 있다. 트레이너를 하지 않았다면, 지금쯤 나는 무엇을 하고 있을까? 만족하는 인생을 살고 있을까? "트레이너 되고 싶어."라고 소리치는 나 자신의 욕망을 들어주길 잘했다는 생각이 든다. 트레이너는 정말 매력적인 직업이다. 한 사람의 변화를 돕기 위해 고민하고, 그것에 감동하고, 그러면서 내가 성장한다. 수많은 고객들을 만나며 수많은 경험을 했다. 실망도 시켜보고, 터무니없는 제안도 드려보고, 예상치 못한 결과에 당황스러울 때도 많았다. 다이어트를 원하는 사람에게 고구마와 닭가슴살만 권했던 적도 있다. 생리를 하지 않는다는 말에 큰일 났다 싶어 발을 동동 구르기도 하고, 근육통이 사라지지 않는다는 말에 약한 고객 탓도 해봤다.

　빠른 결과에만 집착하는 순간에는 항상 오류가 따라왔다. 내가 욕심을 내면 고객은 지쳐있었고, 고객이 욕심을 내면 그 어떤 결과에도 만족이라는 것을 몰랐다. 하루 이틀 운동했다 해서 결과가 나오면 얼마나 좋을까? 고객들은 '5번이나 수업했는데, 아무것도 변한 게 없어요.'라고 말하는 사람들이 있었고, '10번이나 했는데 이것밖에 변하지 않나요?'라고 묻는 사람도 많았다. 경력이 쌓이는 만큼 실패케이스도 많이 늘어났다. 한번은 큰 변화를 경험하는 사람, 만족도가 높은 사람들을 쭉 나열해봤다. 거기서 공통점을 찾을 수 있었다. 트레이너와 관계가 좋은 고객들이 효과도, 만족도도 크다는 것이다. 고객의 효과는 트레이너와 관계 속에 답이 있다고 말하고 싶다. 결과라는 것은 어쩔 수 없이 함께 하는 시간을 거쳐야만 가능하다. 우리는 과정에 최선을 다했을 때, 과정에서 고객의 마음을 얻었을 때 만족도를 높이고 선물 같은 결과를 안겨드릴 수 있다.

존경하는 트레이너 선배님께서 해주셨던 말이 있다. 자기는 매주 고객과 목표설정을 하고, 그것을 꼭 달성하기 위해 함께 만들어간다는 것이었다. 만약 금요일까지 1kg 감량하는 것이 목표였고 금요일이 됐을 때 0.5kg만 감량돼 있었다면 절대로 포기하지 않았다고 한다. 무조건 걷고 뛰고 화장실을 갔다 오게 해서라도 1kg 감량이 체중계에서 확인돼야 고객은 집으로 갈 수 있었다고 한다. 이렇게만 들으면 잔혹하고 잔인해 보일 수도 있다. 하지만 고객이 미성년자도 아니고, 불만 없이 당연한 듯 그렇게 할 수 있었던 이유는 무엇일까? 생각해봐야 한다.

고객은 분명 변해야 하는 이유가 있었을 것이다. 그 목표는 오직 자신만을 위한 것이 아니라, 담당 트레이너가 같이 만들어가고 있다는 것도 느끼고 있었을 것이다. 불가능한 미션을 일방적으로 주었을 리도 없다. 1주일 동안 엄청난 관심과 유대관계 형성이 있었기 때문에 가능한 행동이지 않을까? 아무런 관심도, 관계형성도 없던 트레이너가 자기 혼자 이번 주 1kg 감량 목표라고 정했다고 치자. "이번 주 1kg 감량하기로 했으니, 0.5kg 빼야 집에 갈 수 있습니다. 러닝머신 계속 타세요."라고 한다면? 누가 할 것 같은가? 환불 100%에 미친놈 소리만 듣게 될 것이다. 누구나 변화되는 속도는 다르다. 어쩔 수 없다. 다만 변할 수 있다고 믿어드리고 가능한 선에서 방향을 고객과 같이 찾아보자. 일방적인 제안은 삼가야 한다. 재미나, 의미나, 감동을 느낄 수 있는 것을 찾아드려야 한다. 트레이너는 사람과 관계를 맺는 직업이다. 기억하자. 좋은 트레이너 한 명은 한 사람의 인생을 바꿀 수 있다.

나보다 4살 어린 동생이 내게 질문했던 적이 있다. "세상에서 가장 좋은 사람이 어떤 사람인지 알아?" 라는 질문이었다. 망설이다 대답하지 못하고 물었다. 어떤 사람인데? "내 모습을 있는 그대로 보여줄 수 있는 사람" 사람들은 항상 답을 찾는다. 이 책을 읽고 있는 사람도 좋은 트레이너가 되기 위한 답을 찾고자 펼쳐본 사람이 많을 것이다. 단백질은 얼마나 먹으면 좋을까? 라는 질문에 운동하는 사람들은 체중 곱하기 2의 단백질을 하루 동안 나눠먹으면 좋다 처럼 명쾌한 답을 원하는 거 같다. 트레이너들은 갑작스레 고객이 질문할 것을 대비해 카페인을 먹으면 어떻게 되는지, 당뇨에 걸리면 어떻게 되는지, 곱창은 단백질 비중이 높은지, 지방 비중이 높은지 그냥 무턱대고 외우고 있다. 이런 것을 외우고 있다 해서, 실력 있는 트레이너가 되고, 잊어버렸다 해서 위 아래로 나뉘는 것은 아니지 않은가?

그냥 좋은 트레이너가 되는 정해진 답은 없다고 내려놓으면 어떨까 싶다. 당신의 모습 그대로, 원하는 모습 그대로 만들어가는 게 가장 자연스럽고 보기 좋은 트레이너의 모습이지 않을까? 이미 존재 자체로 이 세상에 단 한명 밖에 없는 트레이너다. 그저 어제보다 나은 트레이너가 돼주길 바라는 마음을 안고 이 책을 마무리하고 싶다.